AF458054

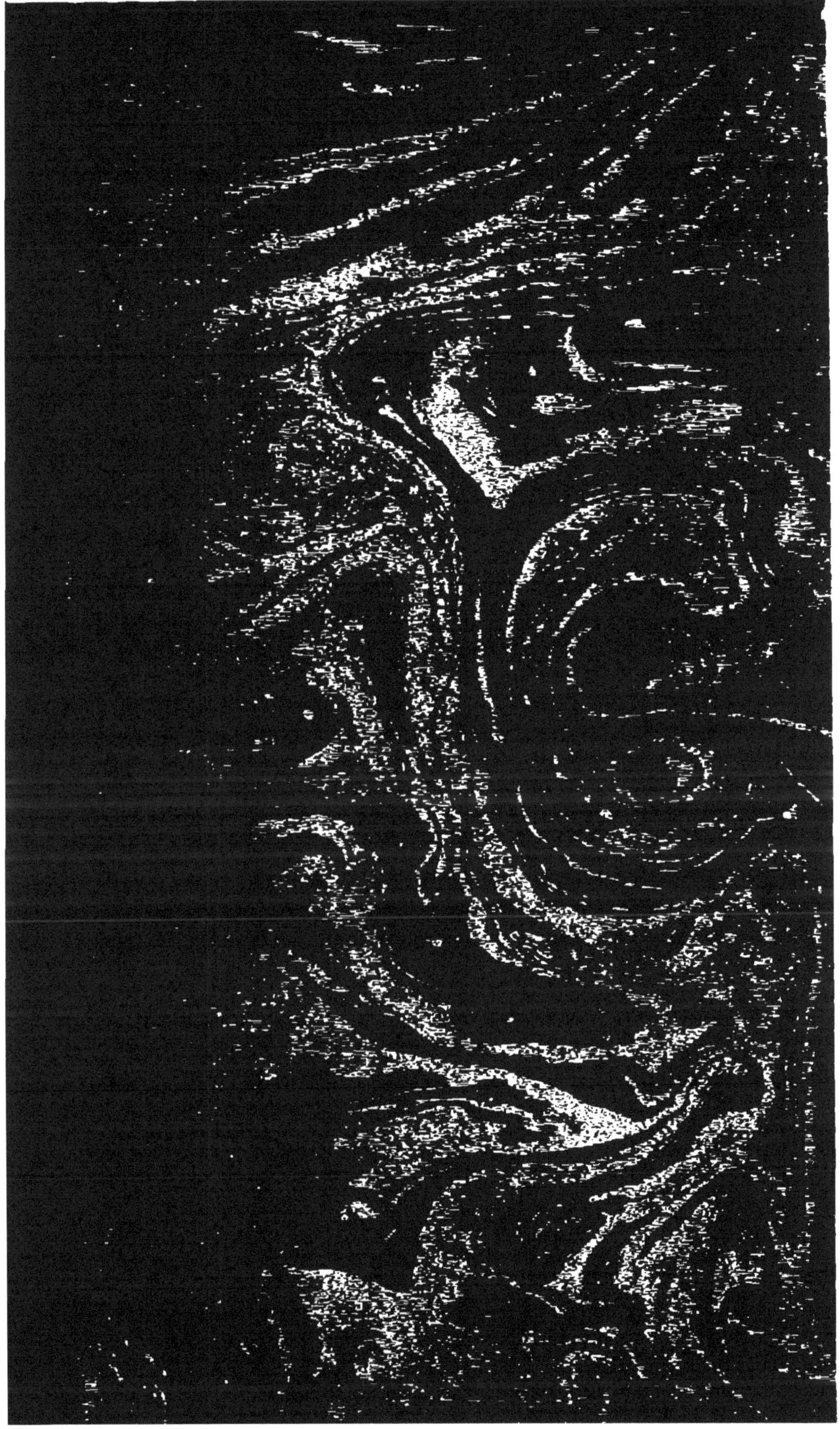

VOYAGE AU PAYS

DES

FAKIRS CHARMEURS

LIBRAIRIE DE E. DENTU, ÉDITEUR

DU MÊME AUTEUR :

VOYAGE AU PAYS DES BAYADÈRES.
5e édition, illustrations de Riou. 1 vol. 4 francs.

VOYAGE AU PAYS DES PERLES.
4e édition, illustrations de Riou. 1 vol. 4 francs.

VOYAGE AU PAYS DES ÉLÉPHANTS.
3e édition, illustrations de Riou. 2 vol. 8 francs.

VOYAGE AU PAYS DES BRAHMES.
2e édition, illustrations de El Géardi. 1 vol. 4 francs.

VOYAGE AUX RUINES DE GOLCONDE.
2e édition, illustrations de Riou. 1 vol. 4 francs.

LES MOUCHES DU COCHE.
1 vol. gr. in-18 jésus. Prix : 3 francs.

Imprimerie D. BARDIN, à Saint-Germain.

VOYAGE AU PAYS

DES

FAKIRS CHARMEURS

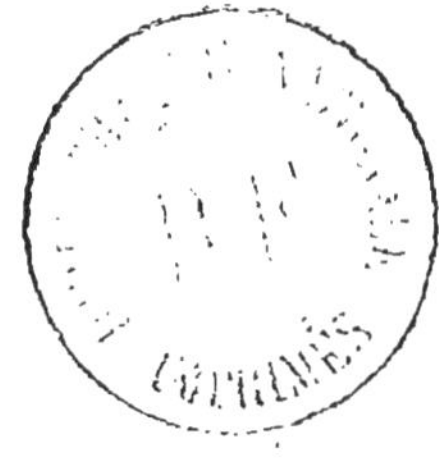

PAR

LOUIS JACOLLIOT

ILLUSTRATIONS DE MOUILLON ET EL GÉARDI

TROISIÈME ÉDITION

PARIS
E. DENTU, ÉDITEUR
LIBRAIRE DE LA SOCIÉTÉ DES GENS DE LETTRES
PALAIS-ROYAL, 15, 17, 19, GALERIE D'ORLÉANS

1883

A MONSIEUR

FEYEN-PERRIN

Permettez-moi, mon cher ami, de vous dédier ces impressions de voyage... J'ai l'espoir de vous attirer un jour dans ce pays sans pareil ! Ellora, Golconde, Nagpour, Hayderabad, Benarès, Delhi, Lahore... L'Inde! tout un vieux monde, notre aïeul qui s'éteint, chargé de poésie, de légendes et de soleil... Venez rêver quelques mois sur la côte de Coromandel, aux rives du Gange et dans les vallées de l'Hymalaya... Et l'art qui doit tant déjà à votre pinceau magistral s'enrichira de nouveaux chefs-d'œuvre.

LOUIS JACOLLIOT.

PREMIÈRE PARTIE

BENARÈS. — DELHI. — LAHORE. — ELLORA.
KARLI.

VOYAGE AU PAYS
DES
FAKIRS CHARMEURS

PREMIÈRE PARTIE

BENARÈS. — DELHI. — LAHORE. — ELLORA. KARLI.

Chandernagor. — Le Gange en embarcation. — Patna. — Benarès. — L'hospitalité d'un rajah. — Le fakir Covindassamy. — Magnétisme et prestidigitation. — Comment finissent les mediums indous. — De Mirzapour à Boohrampour. — Le Bondelcund et le Kandeich. — Nousserabad, Arungabad, Ellora. — Les caveaux d'Ellora et de Karli. — Départ pour Nagpour. — Les forêts du Berar.

Chandernagor est, après Pondichéry, la ville de l'Inde qui m'a laissé les plus attachants et les plus agréables souvenirs. J'ai aimé cette petite capitale de nos établissements sur le Gange comme une seconde patrie. Nulle part la végétation n'est plus luxuriante, la population plus douce, plus industrieuse et plus belle. Tout à chaque pas vous y parle de la France, et si l'on ne contemple pas sans un sentiment de profonde tristesse les ruines nombreuses qui attestent sa puissance passée, on songe aussi avec admiration que Dupleix, ce héros qui nous avait donné l'Inde, partit de là pour exécuter ses vastes projets.

J'y exerçais en 1867 les fonctions de président du tribunal, et ainsi que je l'avais fait chaque année dans les autres stations de l'Inde que j'avais déjà habitées, je résolus d'employer les vacances judiciaires qui commençaient à la fin de décembre, à visiter quelques-unes des provinces que je ne connaissais pas encore.

Parti de Chandernagor le 3 janvier suivant en dingui, sorte d'embarcation du pays, munie d'une petite cabine, j'arrivai le dernier jour du mois en face de Patna, ou je ne m'arrêtai que quelques heures, et cinq jours après à Benarès, la ville sainte.

Deux domestiques m'accompagnaient. Un Nubien du nom d'Amoudou qui me suivait dans tous mes voyages, et me servait de cansama, c'est-à-dire d'homme de confiance, et un metor charger de préparer mes repas. J'ai assez parlé d'Amoudou dans mes excursions précédentes [1] pour n'avoir pas à le présenter au lecteur, c'est pour lui une vieille connaissance qu'il sera, je n'en doute pas, heureux de retrouver.

Mon embarcation était montée par un tendal ou chef batelier, et six macouas ou rameurs de la caste des pêcheurs.

Nous accostâmes les escaliers du Gath, non loin de la célèbre pagode de Siva, un peu avant le coucher du soleil.

Rien ne saurait rendre le spectacle que j'avais sous les yeux... Peu de villes, parmi les plus magnifiques, ont un aspect aussi grandiose que Benarès.

Lorsque le voyageur curieux d'observations remonte le Gange, ce qui lui annonce d'abord l'approche de la grande ville, ce sont les minarets élevés, dont les tours dominant les masses épaisses des palais, sont dispersées sans ordre apparent et d'une manière pittoresque, le long des rives recourbées du fleuve, sur une étendue de près de deux lieues.

Il est impossible de rester insensible à la vue du magnifique panorama qu'offrent ces temples, ces tours, ces longues arcades soutenues par des colonnes, ces quais élevés, ces terrasses

1. *Voyage au pays des Bayadères, Perles, Éléphants,* etc.

garnies de balustrades qui se dessinent en relief, et se marient au feuillage luxuriant des boababs, des tamariniers et des bananiers; et, spectacle magique, ces arbres couverts de grappes de fleurs, s'élèvent majestueusement au milieu de tous ces bâtiments chargés de sculptures, comme pour mêler à l'art humain, toutes les grâces et toutes les séductions de la nature.

L'absence de tout plan régulier, les différents genres d'architecture, le mélange de l'austère et du solennel avec le léger et le fantastique, donnent à toutes les parties de la scène une apparence parfois bizarre, mais toujours plein de grandeur dans l'ensemble. Quant aux détails, ils sont d'une beauté, d'une richesse, d'une variété et d'un fini d'exécution dont l'imagination européenne ne peut de loin se faire une idée.

Les Gaths, sorte de monuments composés de quatre colonnes reliées entre elles par une corniche unique, et placés au sommet d'escaliers gigantesques qui mouillent leurs derniers gradins dans les eaux du Gange, sont les seuls quais que possède cette vieille cité, l'ancienne Kasy des rajahs de la première race. Ils sont, du lever au coucher du soleil, couverts de coolis qui chargent et déchargent les petits navires qui sillonnent le fleuve dans toutes les directions, apportant à ce marché du haut Bengale toutes les marchandises de l'Inde, de l'Europe et de l'Asie.

Au coucher du soleil, des milliers d'hommes et de femmes envahissent ces gradins et descendent dans le fleuve sacré pour y faire les ablutions du soir.

Quelles charmantes créatures que ces femmes du Bengale!... Comme j'aurai à parler d'elles souvent, et ne leur marchanderai pas mon admiration, je désire montrer au lecteur que je n'ai pas été le seul à éprouver le même sentiment à leur égard.

Voici ce qu'a dit d'elles mon compatriote de Jancigny, qui était aide-de-camp du nabab d'Aoude :

« Les femmes indoues, lorsqu'elles ne sont pas hâlées et flétries par le soleil et par un travail excessif, sont presque toujours d'une beauté remarquable; elles ont les membres petits et arrondis, les articulations d'une grande souplesse, des traits pleins de douceur, des yeux noirs et languissants, les cheveux longs et soyeux et la peau d'une finesse et d'un poli merveilleux.

« Les femmes de la caste brahmanique se font remarquer entre toutes. Le cou, les épaules, la poitrine sont ravissants, les membres en général d'une grande délicatesse et d'un modelé exquis; les mouvements aisés, nobles et gracieux à la fois; le contour de la face, du plus bel ovale grec, le nez long et droit, la lèvre supérieure d'une délicatesse admirable, la bouche petite, le menton rond. Les yeux ombragés de longs cils noirs et surmontés de sourcils élégamment arqués, sont grands, noirs, humides et étincelants d'expression. Il est difficile, en un mot, de rien voir de plus gracieux qu'une femme indoue de haute caste, et il n'est pas jusqu'à la teinte dorée de cette peau si douce, si unie, si lustrée, dont le ton riche, chaleureux et diaphane n'appelle le regard et n'excite l'admiration. »

Tous ceux qui ont habité l'Inde signeraient ces lignes des deux mains; pour ma part j'y ai vu quantité de femmes chez lesquelles un anatomiste, un peintre et un sculpteur réunis, n'auraient pu relever le moindre défaut... Les femmes poussent là en plein soleil, au milieu des parfums et des fleurs, sans se déformer ni la taille, ni les seins, ni les pieds, avec ces espèces d'instruments de torture dans lesquelles nos européennes s'emprisonnent. Elles vont nues presque jusqu'à la nubilité... Quand les hanches s'arrondissent en contours gracieux, que la poitrine commence à montrer que la jeune fille va bientôt pouvoir se changer en jeune mère, alors elles se jettent autour des hanches et des épaules quelques mètres de gaze légère qui les voilent mais ne les cachent pas...

Au moment où j'ordonnai au tadel d'amarrer l'embarcation au Gath de Siva, une chose me frappa d'étonnement : les Indous et les musulmans, si profondément divisés par des haines séculaires dans le sud de l'Inde, où ces derniers ne sont qu'une infime minorité, faisaient leurs ablutions ensemble et presque pêle-mêle aux pieds des Gaths de Benarès.

Quoique les sectateurs du prophète aient toujours marché le fer et le feu en main contre ce qu'ils appelaient l'idolâtrie, ils respectèrent jusqu'au règne d'Aureng-Zeb cette ville sacrée des vaincus, qui leur inspirait un mystérieux effroi.

Les brahmes prétendaient que Bénarès avait été bâti par Siva pour servir d'asile aux hommes justes lorsque le mal et la douleur envahirent la terre, et qu'elle n'éprouverait jamais aucune des vicissitudes qui atteignent les choses de ce monde.

Aureng-Zeb, pour humilier leur orgueil, fit abattre une des pagodes les plus anciennes et éleva à sa place la splendide mosquée qui porte son nom et dont les flèches déliées, couvertes de lamelles d'or, annoncent la ville aux voyageurs longtemps avant qu'ils ne puissent l'apercevoir.

Aujourd'hui de nombreux temples musulmans s'élèvent à côté des pagodes indoues, et les brahmes voient, sans pouvoir s'y opposer, mais avec une horreur qu'ils dissimulent mal, le sang des victimes couler pour les sacrifices ou la nourriture dans la cité sainte que le meurtre d'aucun animal n'avait souillé jusqu'à l'invasion des Mogols.

Malgré ce vandalisme qui détruisit quelques-uns des plus beaux et des plus antiques monuments de l'Inde, et bien que dans les autres contrées soumises à leurs lois, les musulmans n'aient reculé devant rien pour convertir les Indous à la foi du prophète, les souverains mogols pratiquèrent toujours à Benarès la plus large tolérance pour les croyances, les mœurs et les usages des vaincus. C'est sans doute à raison de ces faits que les relations sont meilleures entre les deux nations dans cette partie du Bengale ; cependant, jusqu'à ce jour, je n'aurais pas cru que musulmans et Indous consentiraient à faire leurs ablutions religieuses dans le même lieu.

Dans le sud de l'Inde un musulman qui se baignerait dans l'étang sacré d'une pagode se ferait assommer sur place.

J'arrivai à Benarès avec l'intention d'y rester deux mois, je devais ensuite remonter jusqu'à Delhi et Lahore, et revenir à Chandernagor en faisant un long crochet dans l'Inde centrale par Bondelcund, le Kandeich, Arungabad, Ellora,

Nagpour et le Ghandwana. Je ramassais alors les matériaux de mon livre sur les sciences occultes et le spiritisme dans l'Inde dont toute la partie pittoresque a été extraite de ce voyage, et six mois au moins allaient m'être nécessaires pour suivre l'itinéraire que je m'étais tracé. Nous avions alors à Pondichéry un procureur général, ami des lettres et des études ethnographiques, écrivain distingué, chercheur infatigable ; on était sûr, quand on s'adressait à lui, d'obtenir toutes les facilités désirables pour se livrer en paix à ses voyages et à ses travaux. En outre des vacances judiciaires, je lui avais demandé quatre mois de congé qu'il m'avait gracieusement accordés ; je pouvais donc sans crainte exécuter mes projets.

Je devais trouver beaucoup à étudier à Benarès, c'est pour cela que, dans ma pensée, le tiers du temps dont je disposais allait être employé dans cette magnifique cité qui, plus que toute autre ville indoue peut-être, a gardé un air de grandeur et d'antiquité que les invasions mogoles et européennes n'ont pu lui faire perdre. Ce séjour était trop long pour que je m'accommode de l'hôtel ou du bengalow, aussi pris-je la résolution de louer une maison et de m'y installer. Être chez soi dans tout l'extrême Orient est une des premières conditions de la vie.

J'allais envoyer Amoudou à la découverte,

lorsque le Peichwa, prince mahratte retiré à Bénarès, dont j'avais fait la connaissance chez le rajah de Chandernagor, apprenant mon arrivée, me fit offrir un appartement dans le magnifique palais à sept étages qu'il possède sur les bords du Gange, à gauche de la célèbre mosquée d'Aureng Zeb.

Il n'est pas rare de voir les princes et rajahs de l'Indoustan, bien qu'habitant des contrées très éloignées de Benarès, faire bâtir dans cette ville des maisons qui leur servent de retraite pendant les jours de fêtes particulières, et dans lesquelles ils viennent se retirer sur le soir de leur vie, lorsque, fatigués de ce monde, ils désirent finir leurs jours suivant la loi de Manou, dans la pratique des dévotions austères.

D'après la croyance religieuse, ceux qui viennent mourir dans cette ville sacrée en ont fini avec leurs transformations successives, et leur âme monte immédiatement au séjour de Brahma s'absorber dans la grande âme.

On voit arriver journellement de tous les points de l'Inde de nombreux pèlerins qui viennent accomplir, soit pour leur propre compte, soit pour celui de riches particuliers qui les payent, des neuvaines sur les bords du fleuve sacré dont les eaux ne sont nulle autre part aussi propices qu'au pied de la ville sainte.

Il devait pendant vingt et un jours faire ses ablutions soir et matin en l'honneur du mort. (Page 15.) D'après un croquis de l'auteur.

Il en est aussi qui apportent dans de petits sacs, les ossements recueillis après le bûcher des rajahs ou de tout autre grand personnage pouvant payer le voyage, avec mission de les jeter dans le fleuve.

Le suprême espoir de l'Indou est de mourir sur les bords du Gange ou d'y faire transporter ses restes.

Je dus à cette dernière croyance de voir pendant mon séjour à Benarès le fakir le plus extraordinaire peut-être que j'aie rencontré dans l'Inde. Il venait de Trivanderam, près du cap Comorin, à l'extrémité sud de l'Indoustan, et avait été chargé d'apporter les restes funéraires d'un riche Malabare de la caste des commoutys (marchands). Le Peichwa, dont la famille était originaire du Sud, et qui était dans l'habitude de donner l'hospitalité dans les dépendances de son palais aux pèlerins du Travencor, du Maïssour, du Tandjaore et de l'ancien pays mahratte, l'avait fait loger dans une petite paillotte sur les bords mêmes du fleuve où il devait, pendant vingt et un jours, faire ses ablutions soir et matin en l'honneur du mort. Il était arrivé depuis une quinzaine de jours déjà quand je connus son arrivée à Benarès. Il se nommait Covindassamy.

Après m'être assuré de sa bonne volonté, je le fis amener dans mon appartement un jour sur l'heure de midi, au moment où, pour échapper à la chaleur, tous les habitants du palais faisaient la sieste.

La chambre où je le reçus donnait sur une terrasse extérieure qui avait vue sur le Gange, et qui était protégée contre les ardeurs du soleil par une tente mobile en fibre de vétyver tressée. Et au milieu de la terrasse se trouvait un jet d'eau qui, retombant en pluie fine dans une cuvette de marbre, répandait alentour une fraîcheur vraiment délicieuse.

Je demandai au fakir s'il désirait se placer dans un lieu plutôt que dans un autre.

— Fais à ta volonté, me répondit-il.

Je l'engageai à passer sur la terrasse qui, plus vivement éclairée et moins garnie de meubles, devait permettre un contrôle plus facile.

— Ne pourrai-je pas, lui dis-je quand il se fut accroupi sur le sol, te poser une question ?

— Je t'écoute.

— Sais-tu si une force quelconque se développe en toi quand tu accomplis tes prétendus phénomènes? As-tu jamais senti une modification quelconque se produire dans ton cerveau ou dans tes muscles ?

— Ce n'est pas une force naturelle qui agit, je ne suis qu'un instrument.

— Sais-tu ce que c'est que le magnétisme?

— Non.

— Tu ne produis donc pas de phénomènes de volonté?

— J'évoque les âmes des ancêtres et ce sont elles qui manifestent leur puissance.

Je n'étais pas en face d'un simple charmeur, mais bien d'un illuminé, d'un *spirite* indou, s'il faut l'appeler par son nom. Les rêves de cette secte sont aussi vieux que le monde; tous les fondateurs de religions, depuis Christna dans l'Inde jusqu'aux apôtres et à Mahomet, ont prétendu être dirigés par des esprits supérieurs; la folie religieuse est héréditaire dans l'humanité.

J'ai interrogé une foule de fakirs sur le même sujet, tous m'ont fait à peu près la même réponse. Je ne me ferai pas garant de leur bonne foi, mais ils prétendent n'être que des intermédiaires entre ce monde et les *esprits invisibles*.

Ayant constaté une fois de plus la croyance avec tout son cortège d'illusions métaphysiques, je n'insistai pas et laissai Covindassamy commencer la série de ses phénomènes ou prestidigitations, comme vous l'entendrez.

Le fakir était déjà en posture, les deux mains étendues dans la direction d'un énorme vase de bronze plein d'eau.

Cinq minutes ne s'étaient pas écoulées que le

vase commença à osciller sur sa base, et à s'approcher insensiblement et sans secousse du charmeur. Au fur et à mesure que la distance diminuait des sons métalliques s'échappaient du vase, comme si on eût frappé sur ce dernier avec une tige d'acier. A un moment donné les coups devinrent si nombreux et si rapides que l'effet produit ressemblait à celui de la grêle sur une toiture de zinc.

Ayant demandé à Covindassamy à diriger l'opération, ce à quoi il consentit immédiatement, le vase, toujours sous l'influence du charmeur, avança et recula ou resta immobile en se conformant aux demandes que je lui adressais.

Tantôt, à mon seul commandement, les coups se transformaient en roulades non interrompues, tantôt, au contraire, ils se succédaient avec la lenteur et la régularité des heures sonnées par une horloge.

Je demandai à ce qu'un coup fût frappé toutes les dix secondes seulement, et je me mis à suivre sur mon chronomètre la marche de l'aiguille au cadran des secondes.

Dix coups secs et pleins de sonorité se firent entendre régulièrement, en cent secondes.

Sur la table du salon qui dépendait de mes appartements se trouvait une de ces boîtes à musique dont les Indous sont enthousiastes, et que le Peichwa avait sans doute fait venir de Calcutta. Je me la fis apporter sur la terrasse par Amoudou, et je demandai que les coups frappés sur le vase de bronze le fussent de façon à accompagner l'air que l'instrument allait jouer. Je montai alors la boîte ainsi que cela se pratique d'ordinaire, et je pressai le ressort de la sonnerie, sans m'occuper de savoir sur quel air il se trouvait placé. Aussitôt éclatèrent comme un véritable tourbillon les notes fraîches et rapides de la valse de *Robin des Bois*.

Je prêtai l'oreille du côté du vase. Des coups secs et pressés accompagnaient en cadence, avec la régularité du bâton d'un chef d'orchestre émérite. L'air finissait à peine que je pressai de nouveau le ressort, et qu'avec la marche du Prophète des coups modéraient leur allure, et accentuaient fidèlement la mesure.

Et tout cela se faisait sans apparat, sans solennité, sans mystère, sur une terrasse de quelques mètres carrés. Le vase ainsi mis en mouvement pouvait à peine, quand il était vide, être remué par deux hommes. Largement évidé comme une coupe, et placé de façon à recevoir la pluie du jet d'eau, il servait aux ablutions du matin, qui dans l'Inde sont un véritable bain.

Quelle était la force qui dirigeait cette masse ?

Je répétai de nouveau ces diverses expériences; elles se reproduisirent avec le même ordre et la même régularité.

Le fakir, qui n'avait ni quitté sa place ni changé de position, se souleva alors et appuya le bout de ses doigts sur les rebords du vase. Ce dernier se mit, après quelques instants, à se balancer en cadence, de droite à gauche, en augmentant graduellement de vitesse sans que son pied, qui se déplaçait alternativement de chaque côté, produisît le moindre bruit sur le stuc du sol.

Mais ce qui m'étonna le plus fut de voir l'eau qui paraissait presque immobile dans le vase, comme si une forte pression se fût opposée à ce qu'elle reprît son centre de gravité que les mouvements de son récipient lui faisaient perdre.

Trois fois, pendant ces balancements, le vase se souleva entièrement à sept ou huit pouces du sol, et quand il retombait sur la dalle, c'était toujours sans choc ni bruit appréciables.

J'étais depuis plusieurs heures déjà sous le charme, admirant l'habileté du compère, observant, prenant des notes, faisant recommencer chaque phénomène avec des nuances différentes, lorsque le soleil, qui commençait à baisser à l'horizon, vint nous avertir qu'il était l'heure, pour moi, de commencer mes excursions à travers les vieux monuments et les ruines de l'ancienne Kasy, qui fut le centre de la puissance des brahmes, lorsqu'après leur lutte avec les rajahs ils eurent perdu leur pouvoir temporel... C'était l'heure aussi pour le fakir d'aller au temple de Siva se préparer par les prières d'usage aux ablutions et aux cérémonies funéraires qu'il devait accomplir chaque soir sur les rives du fleuve sacré.

En me quittant, le fakir me promit de revenir tous les jours à la même heure pendant le temps qui lui restait à passer à Bénarès.

Le pauvre diable était tout heureux de se trouver avec moi. J'avais habité pendant de longues années le sud de l'Inde, et je parlais le tamoul, cette douce et sonore langue du pays de Dravida que nul n'entendait à Bénarès. Il trouvait donc à qui causer de ce merveilleux pays, plein de ruines antiques, de vieilles pagodes ombragées par une végétation sans pareille et de manuscrits gravés au poinçon sur des feuilles de palmier, des siècles avant que la mer ait quitté les déserts salés de l'Iran et de la Chaldée, et que les limons du Nil aient soudé la Basse-Egypte aux plaines de Memphis et de Thèbes.

Je sortis avec Amoudou et mon metor Bengali, à qui tous les recoins de Benarès étaient familiers, et je ne rentrai que pour dîner, à l'heure où le soleil teignait en violet les eaux du Gange du côté du couchant, et incendiait en même temps les vastes plaines du Meiwar.

Pour ne pas interrompre l'intérêt que peuvent offrir les singulières expériences auxquelles je me livrai avec le fakir malabare, le lecteur me permettra de ne parler des monuments, des coutumes, des ruines de Bénarès, ainsi que de mes aventures personnelles dans la grande ville, qu'après épuisement de cet intéressant sujet.

Les fakirs indous sont certainement les plus habiles charmeurs, magnétiseurs et prestidigitateurs du monde, et je dois déclarer que tout en repoussant absolument leur croyance relative à l'intervention des esprits dans leurs phénomènes, je ne fais nulle difficulté de leur accorder une puissance magnétique extraordinaire, qui peut aller jusqu'à s'exercer sur des objets inanimés.

Dans tous les cas, jusqu'à ce jour je n'avais pu prendre aucun fakir en flagrant délit de fraude, et je me promettais bien cette fois de mettre tout en œuvre pour essayer de découvrir les petits moyens que Covindassamy pouvait pouvait avoir à sa disposition.

Le lendemain, à la même heure, le Malabare fut exact au rendez-vous.

J'étais occupé à regarder à travers les rideaux

en paille de vétyver qui servaient de tente à la terrasse, l'extraordinaire inondation de lumière que le soleil, sur l'heure de midi, versait à flots sur les eaux du Gange, et je rêvais en face de ce spectacle majestueux, lorsque le fakir, soulevant un des rideaux qui masquaient la porte d'entrée de la vérandah, s'approcha de moi, et s'accroupit sur les talons à la manière indoue.

— Salam dorè (bonjour, seigneur), me dit-il dans sa langue maternelle.

— Salam tambi (bonjour, camarade), répondis-je dans le même idiome. Le riz du Bengale vaut-il le riz du Tandjaore?

— Le riz que je mange dans le palais du Peichwa, à Benarès, ne vaut pas les racines sauvages que je cueille autour de ma paillotte à Trivanderam.

— Que te manque-t-il ici? les graines de carry ne sont-elles pas aussi pures sur les bords du Gange que sur la côte malabare?

— Ecoute: ici le cocotier ne pousse pas, l'eau du fleuve sacré ne peut remplacer l'air salé. Je suis un homme de la côte comme il est un arbre de la côte, et nous mourons tous deux quand on nous éloigne de l'Océan.

Une brise légère venant du Sud, tiède comme des effluves de vapeur, passait alors par rafales au-dessus de la ville endormie dans la chaleur... Les yeux du fakir s'animèrent :

— C'est le vent de mon pays, me dit-il; ne sens-tu pas... tous ces parfums qu'il apporte, tout chargés de souvenirs?

Il resta longtemps accroupi, rêvant sans doute aux grands bois pleins d'ombre de la côte malabare où s'était écoulée son enfance, et aux caveaux mystérieux de la pagode de Trivanderam où les brahmes, ses maîtres, l'avaient formé dans l'art des évocations.

Tout à coup il se leva et s'approcha du vase de bronze qui lui avait servi la veille à développer sa force; il imposa les mains sur la surface de l'eau dont il était plein bord à bord, sans la toucher cependant, et resta immobile.

Je m'approchai, sans me douter encore du phénomène qu'il voulait produire.

Je ne sais si sa puissance avait ce jour-là de la peine à se dégager, ou si son *truc*, comme on dit vulgairement, était mal préparé; toujours est-il qu'une heure s'écoula sans que rien, ni dans l'eau ni dans le vase, ne vînt accentuer l'action du fakir.

J'allais désespérer de l'obtention d'un résultat quelconque, lorsque l'eau commença à s'agiter doucement; on eût dit qu'un souffle léger ridait la surface. Ayant placé les mains sur un des rebords du vase, je reçus une légère sensation de fraîcheur qui me sembla provenir de la même cause, et une feuille de rose jetée sur l'eau, en peu de temps alla s'échouer sur l'autre bord.

Le fakir ne faisait pas un mouvement, sa bouche était close, et circonstance extraordinaire qui semblait peu s'accorder avec des moyens habituels de supercherie, les rides légères de l'eau se formaient à l'opposé de l'opérateur, et venaient de son côté frapper doucement les rebords du vase.

Peu à peu le flot augmenta d'intensité et sans direction aucune, éclata en tous sens, comme s'il eût été soumis par la chaleur à une forte ébullition. Bientôt il dépassa les mains du charmeur, et plusieurs jets s'élevèrent par instants à un et deux pieds de la surface.

Je priai Covindassamy de retirer ses mains, et l'agitation de l'eau, sans cesser complètement, diminua peu à peu ainsi que cela se produit dans le liquide bouillant dont on éloigne le récipient du feu. Chaque fois, au contraire, que le charmeur replaçait ses mains dans la première position, le mouvement s'accentuait de nouveau.

Je regardai attentivement de tous côtés, je fis déplacer le vase, sonder le stuc du parquet, retourner le pied de bronze pour savoir s'il était creux... Le fakir me regardait faire avec la plus grande indifférence, et je ne découvris rien. En vérité, c'était un bien habile homme.

La dernière partie de la séance fut plus extraordinaire encore. L'Indou ayant demandé de lui prêter un petit bâton, je lui remis un crayon enveloppé de bois qui n'avait pas encore été taillé, il le plaça sur l'eau et en quelques minutes, par l'imposition des mains, le fit se mouvoir dans tous les sens, comme l'aiguille d'une boussole à laquelle on présente une tige de fer.

Ayant posé alors l'index sur le milieu du crayon si délicatement que la position de ce dernier sur l'eau n'en fut pas affectée, je vis au bout de quelques instants le petit morceau de bois descendre insensiblement sous l'eau et atteindre le fond du vase.

En laissant de côté pour un instant la question d'habileté et de charlatanisme, sur laquelle je ne puis me prononcer d'une façon définitive, n'ayant pas pris le fakir comme on dit *la main dans le sac*, je pensai, en me souvenant de certaines expériences faites par le medium David Home devant le célèbre chimiste Crooks, que le fakir, en chargeant le petit morceau de bois de fluide magnétique, pouvait peut-être en avoir augmenté le poids spécifique de façon à le rendre plus lourd que l'eau. Absolument incrédule quant à la prétendue action des esprits, je me demandais à chaque expérience de ce genre, s'il n'y avait pas dans certains phénomènes excluant la supercherie, la mise en jeu de forces naturelles encore inconnues. Je constate le fait, et mes réflexions sans autres commentaires...

La troisième visite du fakir fut courte, car il devait passer la nuit en prières sur la rive du fleuve sacré, à l'occasion d'une fête religieuse et d'un sraddha funéraire auquel il était invité pour le lendemain.

Il venait simplement m'avertir de cette obligation et se préparait à retourner dans la petite chaumière que le Peichwa avait mise à sa disposition, lorsque sur ma demande, il consentit à reproduire un phénomène d'élévation que j'avais déjà vu accomplir par d'autres charmeurs, sans avoir pu me rendre compte des moyens qu'ils employaient.

Ayant pris une canne en bois de fer que j'avais rapportée de Ceylan, il appuya la main droite sur la pomme, et les yeux fixés en terre, il se mit à prononcer les conjurations magiques de circonstance, et autres momeries dont il avait oublié de me gratifier les jours précédents.

Je jugeai à cette mise en scène que j'allais être témoin une fois de plus d'un fait que j'avais toujours regardé comme un simple tour d'acrobate... ma raison, en effet, s'est toujours refusée à donner un autre nom au phénomène suivant :

Appuyé d'une seule main sur la canne, le fakir s'éleva graduellement à deux pieds environ du sol, les jambes croisées à l'orientale, et resta immobile dans une position assez semblable à celle de ces bouddahs en bronze que tous les touristes de paquebots rapportent de l'extrême Orient, sans se douter que tout cela est fabriqué dans Soho-square à Londres, à l'emporte-pièce.

Pendant plus de vingt minutes je cherchai à comprendre comment Covindassamy pouvait ainsi rompre avec les lois ordinaires de l'équilibre... il me fut impossible d'y parvenir, aucun support apparent ne le reliait au bâton qui n'était en contact avec son corps que par la paume de sa main droite.

Je rendis la liberté au charmeur ; en me quittant il m'annonça qu'au moment ou les éléphants sacrés frapperaient sur les gongs de cuivre l'heure de minuit dans la pagode de Siva, il évoquerait les esprits familiers qui protègent les Franguys (Français), et que ces esprits viendraient manifester leur présence dans ma propre chambre à coucher.

Les Indous s'entendent admirablement entre eux, et pour me prémunir contre toute supercherie immédiate, j'envoyai mes deux domestiques indous, le metor et le tendel, passer la nuit sur le Dingui, avec les bateliers.

Je gardai près de moi mon Nubien qui professait pour toutes les évocations et les jongleries des fakirs, le mépris le plus souverain. Un de ses étonnements, il ne se gênait pas pour m'en faire la confidence, était de voir un blanc perdre son temps à de pareilles billevesées. Un haussement d'épaules était tout ce que les charmeurs avaient pu obtenir de lui... Ce n'est pas que le brave garçon cherchât à jouer de l'esprit fort; il avait son bagage de superstitions, pour le moins aussi chargé que celui des Indous; seulement, il se croyait tellement au-dessus de ces gens-là, qu'il aurait eu honte d'adopter aucune de leurs idées.

C'est en voyageant à bord des paquebots, comme chauffeur d'abord, puis à ma suite quand il fut entré à mon service, qu'Amoudou s'était fait une idée à lui des trois races, blanche, noire et jaune, et il la traduisait de la façon suivante :

Les blancs commandent, les noirs exécutent, les jaunes ne sont bons qu'à faire des domestiques. Cette conclusion lui avait été inspirée par la situation faite aux trois races à bord : les blancs officiers et matelots, les noirs hommes de pont et chauffeurs, les Chinois et les Malais, laveurs de vaisselle et serviteurs.

Je pouvais donc être assuré qu'avec Amoudou, aucune supercherie de compère n'était à craindre.

Je n'avais moi-même aucune propension à croire au surnaturel, malgré cela, si l'événement annoncé se produisait, je voulais ne pas être la dupe d'un tour vulgairement exécuté; tout au moins devais-je faire tout ce qui était en mon pouvoir pour créer au fakir de véritables difficultés.

L'habitation du Peichwa a été construite d'une manière singulière. Il n'y a de fenêtres que du côté du Gange, et elle contient sept grands appartements construits les uns au-dessus des autres; toutes les chambres de chaque appartement s'ouvrent sur des galeries couvertes, et des terrasses s'avancent sur le quai.

Le mode adopté pour communiquer d'un étage à l'autre est des plus curieux. un seul perron d'escalier conduit de l'appartement le plus bas à celui qui est immédiatement au-dessus, quand on a traversé ce second appartement on trouve dans la dernière pièce un second perron sans communication avec le premier qui conduit à l'étage supérieur, et ainsi de suite jusqu'au septième étage, auquel on ne parvient que par un perron mobile que l'on peut relever à l'aide de chaînes comme un pont-levis.

C'est ce septième étage dont l'aménagement était mi-oriental, mi-européen, et où l'on jouissait de l'air le plus frais et de la vue la plus splendide que le Peichwa m'avait fait l'honneur de m'offrir.

Dès que la nuit fut venue, je visitai minutieusement les différentes pièces de l'appartement, et assuré que personne n'avait pu s'y cacher, je relevai le pont-levis, et interrompis ainsi toute communication avec le dehors.

A l'heure indiquée, il me sembla entendre deux coups distinctement frappés contre la muraille même de ma chambre; je me dirigeais vers le lieu d'où ces bruits semblaient partir, lorsqu'un coup sec qui me parut provenir de la verrine qui protégeait la lampe suspendue contre les moucherons et les papillons de nuit, me fit arrêter subitement. Quelques bruits se produisirent encore à intervalles inégaux dans les solives de cèdre du plafond, puis tout rentra dans le silence.

Je m'acheminai alors à l'extrémité de la terrasse: il faisait une de ces nuits argentées inconnues de nos brumeuses contrées du Nord, le fleuve sacré roulait silencieusement sa nappe immense, au pied de Benarès endormie. Sur un des gradins, une forme humaine se profilait en plus sombre... c'était le fakir de Trivanderam qui priait pour le repos des morts.

Ce dernier événement dépassait tout ce que j'avais vu jusqu'alors, et ne trouvant pas d'explication plausible, je me dis que si je n'avais pas été le jouet d'une hallucination, il fallait que la maison du rajah fût charpentée comme une boîte à surprises.

Je passai une partie de cette nuit à chercher le mot de l'énigme. Depuis que j'habitais l'Inde, nombre de fois déjà, j'avais vu des phénomènes étranges se produire devant moi, et je pouvais appuyer les faits et gestes du fakir de Trivanderam d'une foule d'autres plus ou moins merveilleux, mais qui pour moi ne feraient pas avancer d'un pas la théorie des spirites indous, sur l'évocation de l'âme des ancêtres... Mais ce que je tiens à répéter, à affirmer, parce que c'est l'expression de la vérité la plus rigoureuse, c'est que les moyens employés par les charmeurs pour arriver à une telle habileté ne sont connus de personne dans l'Indoustan. Je dirai plus, je n'ai jamais rencontré ni un Européen, ni un créole, qui se soit même vanté de les connaître.

Le jour suivant, j'attendis avec impatience l'arrivée du fakir, car depuis longtemps déjà, j'avais l'intention de publier l'étude dont j'ai déjà parlé sur la vieille doctrine des Pitris, et de la faire suivre du récit de quelques-uns de ces phénomènes matériels que les Indous ne séparent pas de leurs croyances religieuses.

La bonne volonté, ainsi que l'habileté du charmeur Clovindassamy m'étaient une précieuse occasion de faire une revue d'ensemble de ces faits singuliers qui paraissent avoir occupé les loisirs de toutes les castes sacerdotales de l'antiquité et que cent fois déjà j'avais vu reproduire.

J'employai une partie de la journée à visiter les temples et les mosquées voisins de ma demeure, et ne rentrai au palais qu'au coucher du soleil.

La nuit était venue lorsque le charmeur entra sans bruit sur la terrasse où je l'attendais.

Les gens de cette classe jouissent du privilège d'entrer à toute heure chez les plus hauts personnages indous, sans se faire annoncer, et bien qu'ils n'en usent pas ainsi d'ordinaire avec les Européens, j'avais laissé dès les premiers jours Covindassamy en agir à sa guise, ce qui, joint à la connaissance que je possédais de la langue de son pays, m'avait valu immédiatement son amitié.

— Eh bien! lui dis-je dès que je l'aperçus, les

bruits que tu m'annonçais se sont fait entendre... le fakir est très habile.

— Le fakir n'est rien, me répondit-il avec le plus grand sang-froid, il prononce les mentrams (évocation) et les esprits les écoutent; ce sont les mânes des ancêtres Franguys qui sont venus te rendre visite.

— Tu as donc pouvoir sur les esprits étrangers ?

— Nul ne peut commander aux esprits.

— Je me suis mal exprimé... Comment se fait-il que les âmes des Franguys puissent écouter favorablement les prières d'un Indou?... Elles ne sont pas de sa caste.

— Il n'y a plus de caste dans les mondes supérieurs.

— Ainsi ce sont mes ancêtres qui se sont manifestés à moi cette nuit?

— Tu l'as dit.

— Pourquoi ne m'ont-ils pas parlé ?

— Les as-tu interrogés ?

— Non.

— Alors ne te plains pas; les esprits ne font entendre leur voix qu'à ceux qui les implorent.

— Pourrais-tu les faire apparaître?

— Je vous ai déjà dit, saëb, que les esprits n'étaient pas à mes ordres.

— Cependant tu produis des apparitions?

— Non, le fakir ne produit rien.

— C'est vrai... je me trompe, tu demandes aux esprits de se manifester.

— Je récite simplement les mentrams qui ont le pouvoir de les revêtir d'une forme visible.

— Mais enfin, si les esprits sont libres de venir ou de ne pas venir, pourquoi des conjurations magiques? Il doit suffire d'exprimer le désir de les voir apparaître.

— Le fakir récite les mentrams, et les esprits paraissent s'ils le veulent.

Il n'y eut pas moyen de le faire sortir de là.

Chaque fois que je l'interrogeais sur ce chapitre, j'observais avec soin son visage, je cherchais à surprendre dans ses regards un sourire, un rien, quelque indice d'incrédulité. Il restait impénétrable et froidement convaincu.

Après ces quelques paroles, sans même attendre que je l'en priasse, Covindassamy se mit en devoir de continuer ses exercices.

Ayant pris un petit escabeau de bambou qui se trouvait à quelques pas de lui, il s'assit les jambes croisées à la mode musulmane et les deux bras ramenés sur la poitrine.

J'avais fait éclairer la terrasse *à giorno* pour ne rien perdre de ce qui allait se passer.

Comme pour les récits des phénomènes précédents, je supprime le plus possible le chapitre de la mise en scène et des impressions personnelles, pour m'en tenir strictement au fait matériel.

Au bout de quelques instants pendant lesquels le fakir parut concentrer sa volonté, l'escabeau de bambou sur lequel il était placé commença à glisser sans bruit sur le sol par petites secousses qui le faisaient avancer chaque fois d'environ dix centimètres.

J'observai l'Indou avec attention. Il était aussi immobile qu'une statue.

La terrasse avait sept mètres carrés; il mit dix minûtes environ à la parcourir, et, arrivé à l'extrémité, l'escabeau recommença son évolution en arrière jusqu'à ce qu'il fût revenu à la place qu'il occupait d'abord.

Je fis recommencer trois fois l'opération qui réussit dans les mêmes circonstances. Je dois faire remarquer que les jambes du fakir, croisées sous lui, étaient distantes du sol de toute la hauteur de l'escabeau.

Pendant cette journée, il avait fait une chaleur accablante; la brise de nuit, si régulière dans ces contrées, et qui vient chaque soir des montagnes de l'Hymalaya rafraîchir les plaines embrasées du Bengale, n'était pas encore levée: aussi le metor lançait-il à toute volée sur nos têtes, à l'aide d'une corde en fibre de coco, un énorme pankah suspendu à une des tiges de fer du milieu de la terrasse; ces tiges supportaient horizontalement les rideaux de vétyver et les nattes qui faisaient de ce lieu une véritable chambre.

Le pankah est une sorte d'éventail mobile, affectant la forme d'un parallélogramme, et fixé au plafond des appartements par les deux extrémités.

Mis en branle par les soins d'un domestique spécial, il donne une fraîcheur factice il est vrai, mais des plus agréables.

Le fakir se servit de cet instrument pour accomplir son second phénomène.

S'étant fait remettre la corde du pankah par le metor, il se l'appuya des deux mains sur le front, et s'accroupit sous l'éventail lui-même.

Bientôt, sans que Covindassamy ait fait un seul mouvement, le pankah se mit à s'agiter doucement sur nos têtes, et, augmentant graduellement de vitesse, il se lança bientôt à toute volée, comme s'il eût été poussé par une main invisible. Lorsque le charmeur abandonna la corde, l'instrument continua à se mouvoir, mais en perdant peu à peu sa force d'impulsion, et il finit par s'arrêter complètement.

Ces deux phénomènes répétés plusieurs fois nous avaient conduits fort avant dans la nuit, mais le fakir était disposé, et avant de me quitter il voulut me donner une preuve de plus de sa puissance.

Trois vases de fleurs assez lourds pour qu'il fallût l'effort sérieux d'un homme pour les soulever, se trouvaient à l'extrémité de la terrasse. Il en choisit un, et, imposant les mains de façon à toucher les bords extérieurs du vase du bout des doigts, il lui imprima sans effort apparent un balancement sur sa base aussi régulier que celui d'un pendule. Bientôt il me sembla que le vase quittait le sol sans modifier son mouvement, et je crus le voir distinctement flotter dans le vide, allant de droite à gauche suivant la direction que lui imposait le fakir.

Je ne puis employer qu'une forme très dubitative pour rendre compte de ce dernier fait, car plus que les précédents encore, je ne l'ai jamais considéré que comme une illusion des sens, le produit d'une demi-somnolence magnétique.

Je ne saurais trop répéter que je n'ai jamais ajouté grande foi à cet ordre de phénomènes; mais celui-là spécialement, bien que je l'aie vu reproduire souvent au grand jour, m'a paru chaque fois tellement étrange, que je n'ai pu m'empêcher de croire ou à une influence magnétique, comme je viens de le dire, ou à un tour très habilement fait...

Covindassamy n'avait plus que trois jours à rester à Benarès. Je résolus de consacrer les dernières séances qu'il devait me donner à des expériences directes de magnétisme et de somnambulisme.

Lorsque j'avertis l'Indou de mon désir, il parut étonné de ces expressions nouvelles que je lui traduisais tant bien que mal en tamoul.

Lorsque je lui eus fait comprendre le sens qu'on y attachait en Europe, il sourit et me répondit, selon son habitude, que ces phénomènes étaient aussi bien produits par les Pitris (esprits) que ceux dont j'avais été témoin.

La discussion n'était pas possible avec lui sur ce sujet; aussi, sans me préoccuper de ses croyances religieuses vraies ou supposées, ainsi que des causes occultes dont il prétendait voiler son habileté, je me bornai à lui demander s'il consentirait à se prêter à ce genre d'expériences.

— Le Franguy, me répondit-il, a parlé au fakir le langage de son pays, le fakir n'a rien à lui refuser.

Satisfait de sa réponse, je lui formulai immédiatement une autre demande.

— Ne pourrais-tu me permettre, lui dis-je, d'indiquer moi-même aujourd'hui les phénomènes que je désirerais te voir accomplir au lieu de les laisser à ton inspiration?

Bien qu'il me parût peu probable, en raison des précautions que j'avais prises, que le fakir ait pu préparer les expériences précédentes en s'entendant avec Amoudou, je désirais cependant voir si Covindassamy parviendrait à produire d'une manière immédiate des manifestations qu'il n'aurait pu prévoir.

— Je ferai ce qu'il te plaira, me répondit simplement l'Indou.

J'avais vu souvent les charmeurs rendre certains objets adhérents au sol, soit, suivant l'explication que m'avait donnée un major anglais qui s'occupait de ces questions, et d'après l'opinion soutenue par l'illustre Crooks lui-même, en les chargeant de fluide pour augmenter leur poids spécifique, soit par tout autre moyen inconnu. Je résolus de répéter l'expérience.

Prenant alors un petit guéridon en bois de tek que je soulevais sans effort avec le pouce et l'index, je le plaçai au milieu de la terrasse et demandai au fakir s'il ne pourrait pas le fixer dans la situation qu'il occupait, de telle sorte qu'il fût impossible de le transporter ailleurs.

Le Malabare se dirigea immédiatement vers le petit meuble, et imposant les deux mains sur la tablette supérieure, resta immobile dans cette position pendant près d'un quart d'heure. Ce temps écoulé, il me dit en souriant :

— Les esprits sont venus, et nul ne pourra déplacer ce guéridon sans leur volonté.

Je m'approchai avec une certaine incrédulité, et, saisissant l'objet, je fis le mouvement nécessaire pour le soulever. Il ne bougea pas plus que s'il eût été scellé dans le stuc du sol.

Je redoublai d'efforts, et la tablette fragile du guéridon finit par me rester dans les mains.

Je m'acharnai alors sur les pieds qui restaient debout unis par deux traverses en X; mais je n'obtins pas un meilleur résultat. A ce moment une pensée lui traversa l'esprit.

Si, pensai-je, c'est en chargeant les objets de fluide que les charmeurs produisent ces phénomènes, et s'il n'y a là que le développement d'une force naturelle dont on ne connaît pas encore les lois, le fluide, quand il n'est pas renouvelé par l'imposition des mains de l'opérateur, doit aller en se perdant graduellement, et, dans ce cas, je vais pouvoir, dans quelques instants, déplacer sans efforts ce qui reste du guéridon.

Je priai le fakir de se rendre à l'extrémité opposée de la terrasse, ce qu'il fit de la meilleure grâce du monde, et en effet, au bout de quelques minutes, le petit meuble disloqué redevenait maniable.

Y avait-il donc là une force?

Cette fois je fus très ébranlé. J'avais fait procéder à l'expérience dans de telles conditions que, pour ce phénomène, qui a du reste été admis par l'illustre chimiste anglais dont j'ai parlé plus haut, je ne pouvais nier, à moins d'admettre un charlatanisme que toutes les circonstances qui avaient entouré le fait semblaient exclure.

Il m'aurait fallu passer des mois sur cette seule expérience si j'avais voulu la contrôler scientifiquement ; je n'en avais pas les loisirs, et je me borne à la raconter comme toutes les autres sans me prononcer.

— Les Pitris sont partis, me dit l'Indou par manière d'explication, parce que leur lien de communication terrestre était rompu... Écoute, ils vont revenir ici.

En prononçant ces paroles il imposa les mains au-dessus d'un de ces immenses plateaux de cuivre incrusté d'argent dont les riches indigènes se servent pour jouer aux dés, et presque instantanément une si grande quantité de coups frappés éclatèrent avec une telle violence qu'on les eût pris pour un effet de grêle sur un toit de métal, et je crus voir (je tiens à cette formule dubitative) toute une série de lueurs phosphorescentes assez intenses pour être distinctes malgré le jour, passer et repasser en rasant le plateau en tous sens.

Le phénomène cessait ou se reproduisait à la volonté du fakir.

J'ai déjà dit que les appartements que j'occupais chez le Peichwa, étaient installés moitié à l'européenne, moitié à l'orientale; sur les étagères se trouvaient une foule d'objets, tels que moulins à vent faisant mouvoir des forgerons, soldats de plomb, ménagerie en bois de Nuremberg, avec ces éternels petits sapins verts, qui sont, pour les enfants la première représentation de la nature... Tous les meubles étaient encombrés de nos produits les plus puérils comme les plus artistiques, s'entrechoquant pêle-mêle, au goût des domestiques indigènes.

Ne rions point trop; les trois quarts des objets chinois, indous, japonais ou océaniens, dont nous ornons pompeusement nos prétentieuses demeures, ne permettraient pas à un indigène de ces contrées de garder son sérieux.

J'avisai un petit moulin que l'on pouvait mettre en mouvement par un simple souffle, et qui communiquait son impulsion à plusieurs personnages, je le montrai à Covindassamy et lui demandai de le faire marcher sans le toucher.

Par la seule imposition des mains, le moulin se mit à tourner avec une extraordinaire rapidité, et son allure augmentait ou diminuait selon la distance où se plaçait le fakir.

Ce fait était bien simple et cependant c'est un de ceux dont le résultat m'a le plus frappé, en raison même de l'impossibilité absolue, du moins je le croyais, d'une préparation préalable.

En voici un autre de même nature, mais bien plus surprenant peut-être encore.

Parmi les objets qui composaient le musée du Peichwa se trouvait un harmoniflûte. A l'aide d'une petite corde, dont j'entourai le rectangle en bois qui encadrait le soufflet (partie de l'instrument qui comme on le sait est opposée à celle des touches), je le suspendis à une des tringles de fer de la terrasse de façon qu'il flottât dans le vide à environ deux pieds du sol, et je priai le charmeur de vouloir bien en tirer des sons sans le toucher.

Déférant immédiatement à mon injonction, ce dernier saisit entre le pouce et l'index de chaque main la corde qui tenait l'harmoniflûte suspendu et se concentra dans la plus complète immobilité...

Bientôt l'instrument s'agita doucement, le soufflet se rétracta sur lui-même par un mouvement de va-et-vient semblable à celui que lui eût imprimé une main invisible et l'instrument rendit des sons prolongés sans accords entre eux il est vrai, mais parfaitement nets dans leur émission.

— Ne pourrais-tu obtenir un air? dis-je à Covindassamy.

— Je vais évoquer l'esprit d'un ancien musicien des pagodes, me répondit-il avec le plus grand sang-froid.

J'attendis, en gardant mon sérieux le plus possible, quelque envie de sourire que m'eût donnée cette réponse.

Après un silence assez long de l'instrument qui s'était tu immédiatement après ma demande et la réponse de l'Indou, il recommença à s'agiter de nouveau, et rendit d'abord une série d'accords assez semblables à un prélude, puis il se mit à moduler résolument, quoique en sons un peu sourds, un des airs les plus populaires de la côte malabare :

Taïtou moucouty conda
Arounè canny pomlé...

(Apportez des bijoux, jeune vierge d'Arouné.)

Pendant tout le temps que dura le morceau le fakir ne fit pas un mouvement, se bornant à toucher ainsi que je l'ai raconté plus haut la corde qui le mettait en communication avec l'harmoniflûte.

Cherchant à contrôler l'opération, je m'agenouillai pour observer les différents mouvements de l'instrument, et je vis de façon à pouvoir l'affirmer, à moins d'illusion des sens, les touches se lever et s'abaisser suivant les besoins du morceau.

Je constate une fois de plus sans autre conclusion... Ai-je été le jouet d'un sommeil magnétique dans lequel le fakir m'aurait laissé ma lucidité? je ne sais... Supposons pour un instant qu'il n'y ait ni illusion, ni charlatanisme dans la production de ces phénomènes, d'ordre purement matériel...

Nous serions certainement en présence d'une extension des forces magnétiques; faut-il en rechercher les lois?

— Non, disent les savants officiels français... *à priori*, de pareilles folies ne méritent pas l'examen.

— Oui, répondent les savants non moins officiels de l'Angleterre et Crooks en tête, ils disent : Nous avons constaté des faits matériels, dans lesquels ni l'illusion, ni le charlatanisme n'ont pu jouer un rôle, nous sommes engagés d'honneur à en rechercher les lois et à dire la vérité.

Voilà l'état de la question :

D'un côté la négation quand même, sur tous

les faits qui appartiennent au magnétisme, et ceci se passe en France.

De l'autre côté l'étude, et l'étude approfondie avant de se prononcer, et ceci se passe en Angleterre.

Nos *savants* français, pour les appeler par le nom qu'ils se donnent entre eux, ne perdent pas, on le voit, les traditions qui leur ont fait repousser toutes les grandes inventions qui honorent ce siècle... et certainement le magnétisme mérite l'honneur d'une étude.

Je ne prends pas une position active dans le débat; tout le monde pourrait me dire, si je me mêlais de formuler une loi sur les faits que je raconte :

— Avez-vous expérimenté scientifiquement tous les faits plus ou moins singuliers que vous nous racontez des fakirs ?

Et comme je n'ai fait confectionner, sous ma surveillance ni les balances, ni les poids, ni les vases, ni les tables, ni aucun des instruments, enfin, dont les charmeurs se sont servis devant moi, je serais à cette question obligé de répondre : Non !

Je ne fais du reste aucune difficulté d'avouer que dans ma pensée intime, la plupart de ces faits ont dû n'être produits par les fakirs, qu'après m'avoir plongé dans un sommeil magnétique lucide, état que leur extraordinaire puissance leur permet de vous procurer à volonté.

Cependant je dois déclarer aussi que, quand je vois les fakirs agir sur des objets m'appartenant, et que, par conséquent, ils n'avaient pu préparer... je dis avec MM. Crooks, Hugghins, Cox et autres notabilités scientifiques de l'Angleterre : — Il y a là des faits à étudier, car il est au moins aussi intéressant pour la science de les nier, que de les affirmer, en connaissance de cause...

Le coucher du soleil devait trouver Covindassamy agenouillé sur les rives du fleuve sacré ; l'heure approchait, et en prenant congé de moi avec tous les saluts d'usage, il m'annonça qu'il ne pourrait pas venir le lendemain.

Comme je lui exprimais mes regrets, il me répondit :

— C'est demain le vingt et unième jour de mon arrivée à Benarès et le dernier des cérémonies mortuaires, le fakir doit rester d'un lever au lever suivant du soleil en prière, et sa tâche accomplie, il repartira pour Trivanderam ; mais avant de regagner mon pays je te donnerai encore une journée et une nuit entière, car tu as été bon avec moi, et puis... ma bouche fermée depuis de longs mois, a pu s'ouvrir pour parler avec toi la langue dont la vieille ama (mère) se servait pour me bercer dans une feuille de bananier.

Il revenait toujours sur ce sujet et il avait des larmes dans la voix en prononçant ces dernières paroles. Je n'ai jamais vu un Indou parler sans émotion de sa mère.

Au moment où il allait franchir la porte de la terrasse, apercevant dans un vase un bouquet de plumes variées des oiseaux les plus curieux de l'Inde, il en prit une poignée qu'il jeta le plus haut possible au-dessus de sa tête. Les plumes se hâtèrent de redescendre, mais le fakir faisait des passes au-dessous, et, au fur et à mesure qu'une d'entre elles arrivait près de ses mains, elle tournait légèrement sur elle-même et remontait en affectant un mouvement de spirale, jusqu'au tapis de vétyver qui servait de toit mobile à la terrasse. Toutes suivirent la même direction. Au bout d'un instant elles obéirent de nouveau aux lois d'attraction qui tendaient à les ramener vers le sol, mais cette fois elles n'avaient même pas parcouru la moitié de la route, qu'elles reprenaient leur ascension et se fixaient contre la natte.

Un dernier frémissement suivi d'une légère propension à descendre se manifesta de nouveau dans les plumes, — mais bientôt elles restèrent complètement immobiles, et à les voir se détachant sur l'or de la paille avec leurs nuances fortement accentuées dans tous les tons, on eût dit que le pinceau d'un artiste habile les avait placées là.

Dès que le fakir eut disparu elles retombèrent inertes sur le sol. Je les laissai longtemps éparpillées sur la dalle, comme une preuve que je sentais le besoin de me donner à moi-même... que je n'avais pas été sous le coup d'une hallucination.

A peine la nuit fut-elle venue et avec elle une agréable fraîcheur, que je me rendis au quai et montai sur le dingui : j'ordonnai au tadel de laisser dériver l'embarcation au fil de l'eau.

Influencé malgré moi par tous ces phénomènes incompréhensibles, j'avais besoin de me trouver dans un autre milieu, et de remplacer le rêve qui m'égarait à travers toutes les spéculations métaphysiques de l'humanité par les sensations plus douces que m'ont toujours données ces pacifiques nuits du Gange, bercé par les chants des bateliers indoustanis, et les cris lointains d'un fauve. . . . .

Le brave Covindassamy m'avait promis qu'avant de se séparer de moi pour reprendre la route de Trivanderam il ferait appel à toutes les forces dont il disposait, à tous les esprits qui l'assistaient, suivant une expression dont je lui laisse la responsabilité, et qu'il me ferait voir des merveilles dont je garderais un éternel souvenir.

Ce jour-là nous devions avoir deux séances, une en pleine lumière comme les précédentes et une de nuit, mais avec entière liberté d'éclairer le lieu de nos expériences comme je l'entendrais.

Le soleil dorait à peine le Gath de Siva que l'Indou, dont la mission était terminée, se faisait annoncer par mon Nubien; il craignait de me trouver endormi.

— Saranai aya, salut, seigneur, me dit-il en entrant, c'est demain que le fakir retourne au pays des ancêtres.

— Mes vœux t'accompagneront, répondis je; puissent les Pisatchas maudits avoir respecté ta demeure en ton absence!

— Que ta parole soit écoutée des esprits qui me protègent et qui protègent les parents du fakir.

— As-tu laissé des enfants dans ta paillotte?

— Le fakir n'est pas marié.

— Pourquoi as-tu fui les douces joies de la famille?

— Siva le défend.

— Quoi! votre Dieu...

— Oui, il interdit à ceux à qui il donne la puissance de parler la langue que comprennent les esprits, de s'occuper d'autres soins qui les détourneraient de la mission qu'ils ont reçue...

— Ainsi tu crois que c'est Siva lui-même qui t'a chargé de répandre son culte ?

— Oui, et d'attirer à moi tous ceux qui souffrent, tous ceux qui ont besoin, et tous ceux qui ne croient pas aux manifestations des esprits émanés de la puissance supérieure, pour consoler les uns et convertir les autres ; ma famille, c'est l'univers.

Je n'insistai pas.

Et suivant son habitude, le fakir ne chercha pas à continuer la conversation sur ce sujet.

Cependant j'aurais bien désiré avoir des renseignements plus précis que ceux que je possédais sur une foule de choses que Covindassamy devait connaître, et notamment sur les moyens employés par les brahmes pour fanatiser les fakirs.

Je savais bien qu'ils les soumettent à une espèce d'entraînement qui les amène peu à peu à n'être que des machines entre leurs mains, mais je n'avais pu encore relever rien de précis à cet égard.

Je tentai l'aventure.

— Si le Malabare, dis-je à l'Indou sans autre

préambule, avait quelques instants à donner à la conversation avant de commencer ses expériences, le Franguy en serait très heureux.

— Covindassamy, me répondit à l'instant mon interlocuteur, est aux ordres de son ami le Franguy.

— Je viens te demander quelques renseignements sur ta vie passée.

— Le fakir jusqu'ici n'était pas une âme assez perfectionnée, il ne se souvient pas de ses existences antérieures... C'est seulement à partir de sa vie actuelle qu'il conservera la mémoire de ce qu'il a été.

— Ce n'est pas de cela que j'ai l'intention de te parler.

— Explique-toi.

— C'est sur le passé de ta vie actuelle que je veux t'interroger.

— Tout ce que le fakir pourra révéler sans manquer à son serment est à ta disposition.

— De quel serment veux-tu parler?

— Nous devons tous jurer quand nous quittons la pagode où nous avons été élevés, de ne révéler à personne les secrets mystérieux et profonds qu'on nous a enseignés.

— Je comprends qu'il te soit défendu de révéler les formules magiques, les incantations et invocations qui te sont enseignées, mais ne pourrais-tu, par exemple, me dire à l'aide de quel système un des vôtres formé pour cela tombe dans une espèce de catalepsie et peut rester plusieurs mois sans manger...

— C'est par l'intervention des esprits des Pitris.

— Merci, fakir, répondis-je en entendant cette explication, c'est tout ce que je voulais savoir.

Je venais de comprendre qu'à toutes mes questions Covindassamy répondrait de la même manière, et qu'il était par conséquent inutile de prolonger l'entretien.

Après un moment de silence, le fakir voyant que je ne lui adressais plus la parole, me fit le salut d'usage qui signifie : vous n'avez plus rien à me dire, et que l'Indou prend d'ordinaire pour un congé quand il vous rend visite ; mais ici c'était simplement dire qu'il pouvait commencer la série de ses exercices.

Il s'accroupit immédiatement sur la dalle.

Il avait apporté avec lui un petit sac plein de sable très fin qu'il vida sur le sol, et égalisa avec la main, de façon à former une surface plane d'environ cinquante centimètres carrés.

Ceci fait, il me pria de me placer en face de lui à une table avec une feuille de papier et un crayon.

M'ayant demandé un petit morceau de bois, je lui jetai le manche d'un porte-plume qu'il posa délicatement sur le lit de sable.

— Écoute, me dit-il, je vais invoquer les Pitris; lorsque tu verras l'objet que tu viens de me donner se soulever verticalement en restant en contact avec le sol par une de ses extrémités, tu pourras tracer sur le papier les signes qu'il te plaira, tu les verras se reproduire sur le sable.

Il étendit alors les deux mains horizontalement devant lui, et se mit à murmurer les formules secrètes des évocations.

Au bout de peu d'instants, la tige de bois se souleva peu à peu, ainsi qu'il avait été dit, et au même moment je me mis à promener mon crayon sur la feuille de papier que j'avais placée devant moi, traçant au hasard les figures les plus étranges. Je vis aussitôt le morceau de bois copier fidèlement tous mes mouvements et les arabesques capricieuses que je traçais se dérouler à sa suite sur le sable.

Lorsque je m'arrêtais, le crayon improvisé s'arrêtait aussi, je recommençais, il me suivait.

Le fakir n'avait pas changé de position, et rien en apparence ne le mettait en contact avec le petit instrument qu'il influençait.

Désirant savoir si du lieu où il se trouvait il ne pouvait pas suivre les mouvements que j'imprimais au crayon sur le papier, ce qui n'aurait pas expliqué cependant comment il pouvait ensuite transmettre des signes sans être en contact avec la surface de sable qui les recevait, je quittai la table, et me plaçant dans une position identique à celle de Covindassamy, je pus me convaincre qu'il était impossible à ce dernier de se rendre compte de mes mouvements.

Je vérifiai alors les signes tracés des deux parts, il y avait identité parfaite.

Le fakir, ayant de nouveau égalisé toutes les portions du lit de sable, me dit :

— Pense à un mot dans la langue des dieux (le sanscrit).

— Pourquoi dans cet idiome spécialement? répondis-je.

— Parce que les esprits se servent plus facilement de ce parler immortel interdit aux impurs.

J'avais eu le tact, l'habitude de ne pas discuter les opinions religieuses du fakir, et je me tins pour satisfait.

L'Indou étendit alors les mains, ainsi qu'il l'avait fait précédemment; le crayon magique s'agita, se leva graduellement, et écrivit sans hésitation le mot suivant :

POUROUCHA.

(Le générateur céleste.)

C'était bien celui auquel j'avais pensé.

— Pense à une phrase entière, continua le charmeur.

— C'est fait, répondis-je.

Et le crayon grava sur le sable les paroles suivantes :

ADICETÈ VEIKOUNTAM HARIS.

(Vischnou dort sur le mont Veikouta.)

— L'esprit qui t'inspire pourrait-il me donner le 243e sloca du 4e livre de Manou ? demandai-je à Covindassamy.

Je finissais à peine de formuler ce désir que le croyant se mit en devoir de le satisfaire.

Lettre par lettre le sloca suivant, qui était bien celui indiqué, se déroula devant moi :

Darmaprâdânam pouroucham tapasa hata kilvisam.

Paralôkam nayaty âçou basouantam kaçarîrinam.

Voici la traduction de cette stance singulière :

« L'homme dont toutes les actions ont pour but la vertu, et dont tous les péchés ont été effacés par des actes pieux et des sacrifices, parvient au séjour céleste, rayonnant de lumière et revêtu d'une forme spirituelle. »

Enfin comme dernière expérience je demandai, en mettant la main sur un petit livre fermé qui contenait en extraits quelques hymnes du Rig-Veda, quel était le premier mot de la cinquième ligne et de la vingt et unième page. Je reçus le suivant :

Dévadatta.

« Donné par un Dieu. »

Je vérifiai, c'était exact.

— Veux-tu poser une question mentale? fit le charmeur.

Je fis un simple mouvement de tête en signe d'acquiescement.

Et le mot suivant fut inscrit sur le sable :

Vasunda.

« La terre. »

J'avais demandé quelle était notre commune mère.

Je n'explique rien, et n'affirme rien sur les causes... Est-ce habileté pure, est-ce du magnétisme porté à sa dernière puissance? Je l'ignore, j'ai vu et je raconte, j'ai vu et j'affirme l'exactitude des circonstances dans lesquelles se sont produits ces faits... Matériellement je n'ai pas cru la supercherie facile, en présence du soin que je prenais à ne pas être trompé, au moins par trop grossièrement, et ensuite souvent en raison de la simplicité des phénomènes qui ne laissaient pas une très grande place à la supercherie.

La première partie de cette séance avait été un peu longue, je priai le fakir d'interrompre pour quelques instants le cours de ses phénomènes, et je me rendis à l'extrémité de la terrasse où il me suivit...

Il pouvait être dix heures du matin.

La lumière et la chaleur commençaient à faire miroiter les eaux du Gange. A notre gauche s'étendait un jardin assez vaste, au milieu duquel un metor tirait nonchalamment de l'eau d'un puits, et la déversait dans un conduit en bambou qui à son tour la transportait dans une salle de bain.

Covindassamy imposa les mains dans la direction du puits, et aussitôt le pauvre metor de haler avec fureur sur la corde qui ne voulait plus glisser dans la poulie.

Dès que quelque chose arrête un Indou dans son travail, il attribue immédiatement l'obstacle qu'il ne peut vaincre à l'influence des mauvais génies, et il se met à chanter toute la série des conjurations magiques dont il a souvent payé fort cher aux brahmes exorciseurs le prétendu secret.

Notre homme ne manqua pas d'agir ainsi, mais à peine eut-il modulé quelques paroles sur ce ton nasillard et aigre dont tout l'Orient et l'extrême Orient nous déchirent les oreilles sous prétexte de musique, que paroles et sons expirent dans son gosier sans qu'il lui soit possible, malgré les plus grotesques contorsions, d'articuler un seul mot.

Au bout de quelques minutes de ce singulier spectacle, le fakir abaissa les mains, et le metor recouvra l'usage de la voix et la possession de sa corde.

Inutile de dire que je regardai tout cela en souriant, et que ce tour me parut une simple facétie. Il n'avait pas été difficile, en effet, au fakir de s'entendre la veille ou le matin même avec un des metors qui travaillaient dans le jardin du rajah.

Lorsque nous regagnâmes le lieu de nos expériences, la chaleur était étouffante, et j'en fis la remarque au fakir qui ne parut pas m'entendre, tellement il était concentré en lui-même.

Je ne pensais déjà plus à la réflexion qui venait de m'échapper, lorsqu'un de ces éventails en feuille de palmier dont les serviteurs indous se servent pour vous donner de l'air dans une chambre où le pankah n'existe pas, s'enleva en voltigeant d'une table où il était placé, et vint agiter doucement l'atmosphère autour de mon visage.

Je remarquai, bien que son mouvement fût très lent, qu'il me renvoyait une fraîcheur extraordinaire. Dans le même moment, il me sembla entendre comme des sons harmonieux dus à une voix humaine, qui n'avait plus rien d'indou cette fois, passer et repasser dans l'air, comme ces chants affaiblis que les chasseurs des montagnes entendent monter des vallées au crépuscule.

La feuille de palmier regagna sa place, les sons cessèrent, et je me demandai si je n'avais pas été victime d'une illusion.

Il était plus simple de croire à un compère exercé, mais on avouera que tout cela était admirablement fait; tout arrivait à point, les plus petites choses ne laissaient rien à désirer comme mise en scène et réussite.

Au moment où il me quittait pour aller déjeuner et faire quelques heures de sieste, ce dont il avait le plus pressant besoin, n'ayant rien pris et ne s'étant point reposé depuis vingt-quatre heures, le fakir s'arrêta à l'embrasure de la porte qui conduisait de la terrasse à l'escalier de sortie, et, croisant les bras sur la poitrine, il s'éleva, ou plutôt me parut s'élever peu à peu sans soutien, sans support apparent, à une hauteur d'environ vingt-cinq à trente centimètres.

Je pus fixer exactement cette distance grâce à un point de repère dont je m'assurai pendant la durée rapide du phénomène.

Derrière le fakir se trouvait une tenture de soie servant de portière, rouge, or et blanc, par bandes égales, et je remarquai que les pieds du fakir étaient à la hauteur de la sixième bande. En voyant commencer l'ascension, j'avais saisi mon chronomètre. La production entière du phénomène, du moment où le charmeur commença à s'élever à celui où il toucha de nouveau le sol, ne dura pas plus de huit à dix minutes.

Il resta à peu près cinq minutes immobile dans son mouvement d'élévation.

Aujourd'hui que je réfléchis à cette scène étrange, il m'est impossible de l'expliquer autrement que je ne l'ai fait pour tous ceux que ma raison s'était déjà refusée à admettre... c'est-à-dire par toute autre cause qu'un sommeil magnétique me laissant lucide, tout en me faisant voir par la pensée du fakir tout ce qui pouvait lui plaire.

Cette explication est des plus admissibles, car l'extraordinaire force du fakir comme magnétiseur ne saurait être mise un seul instant en doute.

Au moment où Covindassamy me donnait le salam du départ, je lui demandai s'il lui serait possible de reproduire à volonté ce dernier phénomène.

— Le fakir, me répondit-il d'un ton emphatique, pourrait s'élever jusqu'aux nuages.

— Comment obtient-il ce pouvoir ?

Je ne sais trop pourquoi je lui adressai cette question, puisque vingt fois déjà il m'avait dit qu'il se considérait comme un instrument entre les mains des Pitris.

Il me répondit sentencieusement :

Swadyayè nityayoukta syât
Ambarad avatarati dîva.

« Il faut qu'il soit en communication constante, par la prière contemplative, et un esprit supérieur descend du ciel. »

Le missionnaire Huc, dans le récit de ses voyages au Thibet, rend compte d'un phénomène semblable à celui que je vais raconter, et que je ne puis considérer que comme un très habile tour de main.

Peut-être ne l'eus-je point relevé ici, s'il ne faisait partie, pour ainsi dire, du bagage des manifestations extérieures des sectateurs des Pitris, et si je ne tenais, en voyageur et historien fidèle, à ne rien retrancher de ces singulières pratiques.

Au nombre des prétentions les plus extraordinaires des fakirs se trouve celle d'influer d'une manière directe sur la végétation des plantes, et de pouvoir accélérer de telle sorte leur croissance, qu'elles puissent en quelques heures atteindre un résultat qui demande d'ordinaire de longs mois, et plusieurs années même de culture.

J'avais déjà vu souvent les charmeurs de passage répéter ces phénomènes, mais comme il n'y avait là pour moi qu'une supercherie très réussie, j'avais négligé de noter exactement les circonstances dans lesquelles le fait s'était produit.

Quelque fantastique que fût la chose, je résolus, puisque j'étais en train de faire reproduire par Covindassamy, dont l'habileté était réellement merveilleuse, tous les phénomènes ou tours d'escamotage que j'avais déjà vus accomplir par divers, d'expérimenter avec lui ce fait absurde, mais curieux, en exerçant une telle surveillance sur chacun de ses actes, qu'il ne pût en soustraire aucun à mon attention.

Comme on le croira aisément, je ne cherchai

pas à m'éclairer sur la possibilité d'un fait aussi contraire aux lois de la végétation; je voulais simplement multiplier les difficultés, et voir si je ne pourrais pas prendre en faute mon prestidigitateur.

Il devait me donner encore deux heures d'expérience en pleine lumière, de trois à cinq, avant la grande séance de nuit, je me décidai à les consacrer à cette distraction amusante.

Le fakir ne se doutait de rien et je crus fortement le surprendre, lorsque à son arrivée je lui fis part de mes intentions.

— Je suis à tes ordres, me dit-il, avec sa simplicité ordinaire.

Je fus un peu décontenancé par cette assurance. Cependant je repris aussitôt :

— Me laisseras-tu choisir la terre, le vase et la graine que tu vas faire pousser devant moi ?

— Le vase et la graine, oui ! mais la terre doit être prise dans un nid de cariahs !

Les cariahs sont de petites fourmis blanches qui construisent, pour s'y abriter, des monticules qui atteignent souvent une hauteur de huit à dix mètres; elles sont fort communes dans l'Inde, et rien n'était plus facile que de se procurer un peu de cette terre qu'elles gâchent fort proprement pour édifier leurs asiles.

J'ordonnai à Amoudou d'aller en chercher un

plein vase à fleur d'une grandeur ordinaire, et de m'apporter en même temps quelques graines de différentes espèces.

Le fakir le pria d'écraser entre deux pierres la terre qu'il ne pourrait arracher que par morceaux presque aussi durs que des débris de démolition.

Sa recommandation était bonne, nous n'eussions pu en effet nous livrer à cette opération au milieu des appartements.

Moins d'un quart d'heure après mon domestique était de retour, apportant les objets demandés, je les lui pris des mains et le renvoyai, ne voulant pas le laisser communiquer avec Covindassamy, non que je craignisse une entente impossible, mais je tenais à me donner la satisfaction de pouvoir dire que j'avais pris les plus invraisemblables précautions.

Je remis au fakir le vase plein d'une terre blanchâtre qui devait être saturée de cette liqueur laiteuse que les cariahs sécrètent sur chaque parcelle infime de terre, dont ils se servent pour élever leurs monuments.

Il la délaya lentement avec un peu d'eau en marmottant *des mentrams*, dont le sens n'arrivait pas jusqu'à moi.

Lorsque le fakir jugea qu'elle était convenablement préparée, il me pria de lui donner la graine que j'avais choisie, ainsi que quelques coudées d'une étoffe blanche quelconque.

Je pris au hasard une graine de papayer, parmi celles qu'Amoudou m'avait apportées, et, avant de la lui remettre, je lui demandai s'il m'autorisait à la marquer ; sur sa réponse affirmative, j'entaillai légèrement la pellicule de la graine assez semblable à un pépin de courge, moins la couleur qui était d'un brun foncé, et la lui donnai avec quelques mètres de mousseline à moustiquaire.

— Je vais bientôt dormir du sommeil des esprits, me dit Covindassamy. Promets-moi de ne toucher ni à ma personne ni au vase.

Cela tournait au solennel, je le lui promis.

Il planta alors la graine dans la terre qu'il avait amenée à l'état de boue liquide, puis enfonçant son butoir à sept nœuds, signe d'initiation qui ne le quittait jamais, dans un des coins du vase, il s'en servit comme d'un support sur lequel il étendit la pièce de mousseline que je venais de lui donner.

Après avoir ainsi caché l'objet sur lequel il allait opérer, il s'accroupit, étendit les deux mains horizontalement au-dessus de l'appareil et tomba peu à peu dans un état complet de catalepsie.

J'avais promis de ne point le toucher, et

j'ignorais tout d'abord si cette situation était réelle ou simulée ; mais lorsque au bout d'une demi-heure je vis qu'il n'avait pas fait un mouvement, je fus forcé de me rendre à l'évidence ; aucun homme éveillé, quelle que soit sa force, n'était capable de tenir pendant dix minutes seulement les deux bras étendus horizontalement devant lui.

Une heure s'écoula ainsi sans que le plus petit jeu des muscles vînt déceler la vie...

Presque entièrement nu, le corps luisant et bruni par la chaleur, l'œil ouvert et fixe... le fakir ressemblait à une statue de bronze dans une pose d'invocation mystique.

Je m'étais d'abord placé en face de lui pour ne rien perdre de la scène que je prévoyais en partie, mais bientôt il me fut impossible de supporter ses regards qui, quoiqu'à demi éteints, me paraissaient chargés d'effluves magnétiques...

La puissance de cet homme était telle sur mes sens, qu'à un moment donné il me sembla que tout commençait à danser autour de moi, les meubles, les verrines, les vases de fleurs ; le parquet stuqué de la terrasse semblait se mouvoir comme une nappe d'eau que le vent agite doucement ; la tente qui nous protégeait contre le dehors paraissait atteinte de mouvements convulsifs, et il n'est pas jusqu'au fakir qui ne me parût s'agiter comme s'il allait se mêler à la danse générale.

Pour échapper à cette hallucination des sens, produite sans aucun doute par la tension trop grande de mes regards sur ceux du fakir, je me levai, et sans perdre de vue l'opérateur toujours aussi immobile qu'un dieu Terme, j'allai m'asseoir à l'extrémité de la terrasse, portant alternativement mon attention sur le cours du Gange et sur Covindassamy, pour échapper ainsi à une influence trop directe et trop prolongée.

Il y avait deux heures que j'attendais, le soleil commençait à baisser rapidement à l'horizon, lorsqu'un léger soupir me fit tressaillir ; le fakir revenait peu à peu à lui.

Si cet illuminé des pagodes n'était pas en catalepsie pendant les deux heures qui venaient de s'écouler, il devait être un bien grand artiste pour jouer son rôle avec une telle perfection.

Quand il parut avoir repris complètement possession de lui-même, il me fit signe d'approcher.

J'obéis avec empressement à son injonction.

Alors, enlevant lentement la mousseline qui entourait le vase, il me montra fraîche et verte une jeune tige de papayer, ayant à peu près vingt centimètres de hauteur...

Devinant ma pensée, Covindassamy enfonça ses doigts dans la terre qui, pendant l'opération, avait perdu presque toute son humidité, et, retirant délicatement la jeune plante, il me montrait, sur une des pellicules qui adhéraient encore à la jeune racine, l'entaille que j'avais faite deux heures auparavant.

Était-ce la même graine et la même entaille?

Je n'ai qu'une chose à répondre.

Je ne me suis aperçu d'aucune substitution. Le fakir n'avait pas quitté la terrasse, je ne l'avais pas perdu des yeux. Il ignorait en venant ce que j'allais lui demander. Il ne pouvait cacher une plante sous ses vêtements puisqu'il était presque entièrement nu, et, dans tous les cas, comment aurait-il pu prévoir que je choisirais une graine de papayer, au milieu de plus de trente espèces de graines différentes que mon domestique m'avait apportées ?

Amoudou seul aurait pu rapporter quelques jeunes plants d'arbres, choisir les graines de ces plants et les remettre au fakir, qui une fois en possession de cela, était assez habile pour escamoter le tout, même sous la surveillance de l'œil le plus exercé.

Je ne dirai à ce sujet qu'une seule chose, c'est qu'il m'est impossible d'admettre que mon domestique nubien, dans son mépris superbe pour les gens de race jaune, pût s'entendre avec l'un d'eux pour me tromper.

Cependant ce qui vient de se passer est si étrange qu'il ne faut jurer de rien, surtout en présence de l'impossibilité de toute autre explication.

Je ne puis, on le conçoit, rien dire, expliquer ou affirmer sur un pareil fait.

Il est des cas où la raison refuse absolument de se rendre, même en présence de phénomènes que les sens n'ont pu prendre en flagrant délit de tromperie, et nous sommes ici en présence d'un de ces cas ; plutôt que de croire à la possibilité de pareilles choses, on préfère dire : le prestidigitateur a été plus habile que je n'ai été vigilant, et la raison garde ses saines appréciations pour des phénomènes qui ne contredisent pas les règles absolues qui sont devenues les lois de l'intelligence et du jugement humain.

Après avoir joui quelques instants de mon étonnement, le fakir me dit, avec un de ces mouvements d'orgueil qu'il savait peu dissimuler :

— Si je continuais les évocations dans huit jours le papayer aurait des fleurs, et dans quinze des fruits.

Me souvenant des récits du missionnaire Huc et d'autres phénomènes dont j'avais moi-même été témoin dans le Carnatic, je lui répondis en riant :

— Le fakir se trompe.

— Explique-toi.

— Ou plutôt sa puissance n'est pas aussi forte qu'il se l'imagine.

— Le fakir n'a que la puissance que les esprits veulent bien lui accorder.

— J'ai vu des charmeurs bien autrement forts que toi, ils faisaient pousser des fleurs et des fruits sur des arbres en deux heures.

J'avais quelque peine on le conçoit à garder mon sérieux.

Le fakir sourit et me répondit superbement :

— C'est toi qui te trompes, les manifestations dont tu parles ne sont pas des phénomènes de croissance instantanée, mais des phénomènes d'apports d'arbres à fruits par les Pitris. Ce que je viens de te montrer est bien de la végétation spontanée, mais jamais le fluide pur *agasa* dirigé par les Pitris n'a pu produire en un seul jour les phases de la naissance, de la floraison et du fruit...

— Je t'avouerai que je ne trouverais pas l'un plus difficile que l'autre, et du temps que les esprits y sont, et avec un peu de bonne volonté...

Je ne continuai pas sur ce ton, ne voulant en résumé blesser en rien un homme qui, prestidigitateur ou illuminé, s'était mis avec tant de bonne volonté à ma disposition...

L'heure des ablutions, c'est-à-dire le coucher

du soleil approchait, le fakir se hâta de me quitter, en me donnant pour la dernière fois rendez-vous pour dix heures du soir.

La nuit entière à partir de ce moment devait être consacrée à des phénomènes d'apparition.

Il est un fait que je dois rapporter, et qui pourrait peut-être mettre sur la voie des explications. Fait que connaissent tous ceux qui ont habité l'Inde.

Une foule de plantes potagères, j'en ai fait vingt fois l'essai, plantées à l'aurore dans un terrain bien disposé et humide, sous l'influence de ce soleil qui fait des merveilles, sortent de terre entre midi et une heure, et à six heures, quand le jour va cesser, ont déjà quelques centimètres de hauteur.

D'un autre côté aussi il faut dire, pour être juste, que quinze jours au moins sont nécessaires pour faire germer une graine de papayer.

Mais c'est trop m'arrêter sur un fait qu'on ne peut que reléguer dans le domaine du rêve, et que le raisonnement ne peut admettre que comme une habile supercherie...

Covindassamy me quitta pour aller prendre son repas du soir, et à l'heure convenue il faisait son entrée silencieuse dans mes appartements.

Je vais me borner à présenter d'abord un simple procès-verbal de cette étonnante soirée, et j'y joindrai ensuite tous les détails de faits qui s'y rapportent, et dont mes souvenirs abondent.

— Le charmeur n'est-il pas fatigué par ses vingt et un jours de jeûne et de prières? fis-je en saluant amicalement le fakir.

— Le corps du fakir n'est jamais fatigué.

— Cependant tu dois comme les autres hommes subir les nécessités ordinaires de la vie.

— Les nécessités sont aux ordres du fakir et non le fakir aux ordres des nécessités.

— Tu m'étonnes. Ne manges et ne bois-tu pas quand le besoin s'en fait sentir?

— La faim et la soif n'existent pas pour les serviteurs des Pitris.

— Oui, je sais que vous êtes capables de longs jeûnes.

— Le corps est un esclave... il ne doit qu'obéir... je suis à tes ordres.

L'entretien devait se borner là.

— C'est moi qui suis aux tiens, fakir, lui répondis-je.

Avant de pénétrer chez moi, il avait déposé sur une des marches de l'escalier, la petite pièce de toile appelée langouti, et large d'environ dix centimètres carrés, qui composait d'ordinaire son unique vêtement. Il entra complètement nu, et son bâton à sept nœuds attaché à une des mèches de sa longue chevelure.

— Rien d'impur, me dit-il, ne doit toucher le corps de l'évocateur, s'il veut conserver dans toute sa puissance, sa force de communication avec les esprits.

Chaque fois qu'il m'est arrivé de voir un charmeur en cet état, je me suis demandé si ce n'étaient pas des initiés de cet ordre que les Grecs avaient entrevus, sur les bords de l'Indus, et qu'ils avaient nommés γυμνοσοφισται ou pénitents nus.

Ma chambre à coucher donnait de plain-pied sur la terrasse, je consacrai ces deux pièces aux expériences et fermai avec soin toutes les portes qui du dehors y donnaient accès.

La terrasse, hermétiquement enveloppée par son plafond mobile et ses rideaux en nattes de vétyver, n'avait aucune ouverture sur le dehors et on ne pouvait y arriver que par ma chambre à coucher.

Au milieu de chacune des deux pièces une lampe de cocléine, installée dans une verrine de cristal, se balançait au bout d'une suspension de bronze et répandait partout une lumière douce, suffisante pour permettre la lecture des plus petits caractères, — même dans les endroits les plus éloignés de son rayonnement.

Dans toutes les maisons indoues se trouvent des petits réchauds de cuivre que l'on entretient constamment allumés avec de la braise pour brûler de temps en temps quelques pincées de poussière parfumée, composée de sandal, de racine d'iris, d'encens et de myrrhe.

Le fakir en plaça un au milieu de la terrasse et déposa à côté un plateau en cuivre plein de poussière odorante.

Ceci fait il s'accroupit sur le sol, dans la posture qui lui était familière, et les bras croisés sur la poitrine commença une longue incantation, dans un langage bizarre qui devait appartenir à l'idiome des formules magiques.

Quand il eut fini de réciter ses mentrams, il resta immobile dans la même position, la main gauche repliée sur le cœur, et la droite appuyée sur son bâton à sept nœuds.

Je crus qu'il allait, comme dans la journée, tomber en catalepsie; il n'en fut rien, car de temps à autre il portait la main au front et semblait faire des passes pour se dégager le cerveau.

Tout à coup je ne pus m'empêcher de tressaillir; un nuage légèrement phosphorescent venait de se former au milieu de ma chambre à coucher, et de tous côtés des apparences de mains sortaient de ce nuage et y rentraient avec rapidité; au bout de quelques minutes plusieurs de ces mains perdirent leurs apparences vaporeuses et ressemblèrent à s'y méprendre à des membres humains, et chose singulière, pendant que les unes semblaient se matérialiser, les autres devenaient plus lumineuses. Les unes devenaient opaques et faisaient ombre sous la lumière, les autres atteignaient une transparence qui permettait de voir les objets placés derrière elles ; j'en comptai jusqu'à seize.

Ayant demandé au fakir s'il me serait possible de les toucher, ma pensée n'était par formulée qu'une d'entre elles se détachant du groupe venait en voltigeant presser la main que je lui tendais. Elle était petite, souple et moite comme la main d'une jeune femme.

— L'esprit est là, bien qu'une de ses mains soit seule visible, me dit Covindassamy, vous pouvez lui parler si vous le désirez.

— Penses-tu qu'il daignera me répondre?

— Que le saëb Franguys essaie.

Je demandai alors en souriant si l'esprit possesseur de cette main charmante ne daignerait pas me laisser un souvenir.

En réponse je sentis la main s'émouvoir dans la mienne, je regardai, elle voltigeait vers un bouquet ae fleurs, auquel elle arrachait un bouton de rose, qu'elle jetait à mes pieds, et disparut.

J'eus pendant près de deux heures une scène à donner le vertige... Tantôt une main venait me frôler le visage, ou me faire de l'air avec un éventail, tantôt elle répandait dans la chambre une pluie de fleurs, ou traçait dans l'espace en caractères de feu des mots qui s'évanouissaient dès que la dernière lettre était écrite.

Plusieurs de ces mots me frappèrent à un point que je les écrivis rapidement au crayon.

Divyavapour gatwâ.

En sanscrit :

J'ai pris un corps fluidique.

Et immédiatement après la main écrivit :

Atmanam crêyasa yogatas.
Dehasya sya vimocanat.

En sanscrit :

Tu atteindras le bonheur en te débarrassant de ce corps périssable.

Et pendant tout cela de véritables éclairs fulgurants sillonnaient constamment les deux chambres.

Peu à peu cependant les mains s'évanouirent, le nuage duquel elles paraissaient sortir avait graduellement disparu au fur et à mesure que les mains semblaient s'évaporer.

A la place même où la dernière main avait disparu, nous trouvâmes une couronne de ces immortelles jaunes au parfum pénétrant que les Indous emploient dans toutes les cérémonies.

Pour le moment, le lecteur le comprend, je ne fais que raconter sans chercher à expliquer, et laisse le champ libre à toutes les suppositions. Dans quelques pages, je chercherai à donner un sens raisonné aux suppositions auxquelles je me livrai après le départ du fakir.

Tout ce que je puis dès maintenant affirmer, c'est que les portes des deux pièces où nous nous trouvions étaient fermées, que j'avais les clefs dans ma poche et que le fakir n'avait pas changé de position.

A ces phénomènes en succédèrent deux autres plus étonnants encore.

Un moment après la disparition des mains, le fakir continuant de plus belle ses évocations, un nuage semblable au premier, mais affectant une nuance plus colorée et une plus grande opacité, vint planer près du petit réchaud qu'à la demande de l'Indou j'avais constamment entretenu de braise ardente. Peu à peu, il revêtit une forme entièrement humaine, et je distinguai le spectre, ou la fantasmagorie, je ne sais comment l'appeler, d'un vieux brahme sacrificateur agenouillé près du petit réchaud.

Il portait au front les signes consacrés à Vischnou, et autour du corps le triple cordon, signe des initiés de la caste des prêtres.

Il joignait les mains au-dessus de sa tête comme pendant les sacrifices, et ses lèvres s'agitaient comme si elles eussent récité des prières.

A un moment donné, il prit une pincée de poussière parfumée et la jeta sur le réchaud. La dose devait être forte, car une fumée épaisse se dégagea au même instant et remplit les deux chambres.

Quand elle se fut dissipée, j'aperçus le spectre qui, à deux pas de moi, me tendait sa main décharnée; je la pris dans la mienne en lui faisant le salam, et je fus très étonné de la trouver, quoiqu'osseuse et dure, chaude et vivante.

— Es-tu bien, dis-je en ce moment à haute voix, un ancien habitant de la terre?

Je n'avais pas achevé la question que le mot :

Am! (oui)

paraissait et disparaissait aussitôt sur la poitrine du vieux brahme, par un effet assez semblable à celui que produirait ce mot écrit dans l'obscurité à l'aide d'un morceau de phosphore.

— Ne me laisseras-tu rien en signe de ton passage? continuai-je.

L'esprit brisa le triple cordon, composé de trois fils de coton, qui lui ceignait les reins, me le donna, et s'évanouit à mes pieds. Je croyais la séance finie, et j'allais relever un des rideaux mobiles de la terrasse pour donner un peu d'air dans l'intérieur, où j'étouffais littéralement, lorsque je m'aperçus que le fakir ne songeait pas à quitter la place, et que j'entendis tout à coup une modulation bizarre, accomplie sur un instrument qui me parut être l'harmoniflûte dont nous nous étions servis deux jours auparavant.

Cependant cela me sembla peu possible, car, depuis la veille, le Peichwa l'ayant fait demander, il ne se trouvait plus dans mes appartements.

Les sons lointains d'abord se rapprochèrent à tel point qu'ils paraissaient partir des pièces voisines. Bientôt il me sembla les entendre dans ma chambre à coucher, et j'aperçus, glissant le long de la muraille, le fantôme d'un musicien des pagodes, qui tirait d'un harmoniflûte des sons plaintifs et monotones tout à fait dans le caractère de la musique religieuse des Indous.

Quand il eut accompli le tour de ma chambre et de la terrasse, il disparut, et je trouvai l'instrument dont il s'était servi à l'endroit même où il s'était évanoui.

C'était bien l'harmoniflûte du rajah. Je visitai les portes; elles étaient aussi bien closes que possible, et les clefs étaient toujours dans ma poche.

Covindassamy se leva alors; la sueur perlait sur tous ses membres, le malheureux était à bout de forces, et il allait se mettre en route dans quelques heures.

— Merci, Malabare, lui dis-je en l'appelant du nom qui faisait battre son cœur, car il lui rappelait son pays... Que celui qui possède les trois visages et les trois pouvoirs (la trinité indoue, Brahma, Vischnou, Siva) te protège dans ta route vers le doux pays du sud, et puisses-tu constater que la joie et le bonheur ont régné dans ta paillote pendant ton absence!

Cette phrase est la règle de parler, dans l'Inde, entre gens qui vont se séparer, et j'aurais blessé le pauvre fakir en employant des termes plus simples qui, pour lui, eussent accusé mon indifférence.

Il me repondit sur le même ton et avec beaucoup plus d'exagération encore, et après avoir accepté, sans le regarder, sans s'abaisser même à me remercier, le présent que je lui offrais, il m'adressa mélancoliquement son dernier salam, et disparut sans bruit derrière la tenture qui cachait la porte de sortie de mes appartements.

J'appelai immédiatement mon Nubien Amoudou, et fis relever tous les tattis et nattes de la terrasse pour livrer passage à l'air frais du matin.

La nuit pâlissait, les flots du Gange roulaient argentés ; au loin, une légère bande rouge indiquait que les rayons du soleil allaient bientôt illuminer l'horizon... Apercevant sur le fleuve un point noir qui semblait se diriger vers la rive opposée à celle de Bénarès, je braquai une lunette de nuit dans sa direction... C'était le fakir qui, fidèle à son serment, avait réveillé un passeur, et traversait le Gange pour prendre la route de Trivanderam...

Il allait revoir cet Océan aux flots bleus, ses cocotiers et sa paillote dont il parlait toujours.

Je me jetai pour quelques heures dans mon hamac ; quand je m'éveillai, en me rappelant les scènes qui s'étaient déroulées devant moi, il me sembla que j'avais été le jouet d'une hallucination... Cependant l'harmoniflûte était là, et il m'était impossible de savoir qui l'avait apporté. Les fleurs jonchaient encore le sol de la terrasse. La couronne d'immortelles était sur un divan... et les mots que j'avais écrits en les voyant apparaître n'avaient pas disparu de mon portefeuille. .

Environ quatre ans après, je me rendis, par Madras, Bellary, etc., dans la province d'Arungabad, pour visiter le temple souterrain de Karli.

Le lecteur me saura gré, avant de lui indiquer le motif qui me fait le conduire là brusquement, de lui donner quelques détails sur cette pagode troglodyte, une des plus curieuses de l'Inde entière.

Du reste, le voyage que je fis à Karli, presqu'entièrement en chemin de fer, fut tellement rapide, qu'il se borne presque à l'épisode que je vais raconter, et qui, comme on va le voir, trouve naturellement sa place ici...

Cette célèbre excavation, comme tous les temples de l'Inde, est située sur le territoire marrahtte, dans la province d'Arungabad, au milieu d'une chaîne de collines qui s'étend de l'est à l'ouest, et dont l'aspect est des plus pittoresques. Leurs sommités sont en général de niveau, à part quelques pics qui, de distance en distance, les dépassent et élèvent orgueilleusement leurs têtes jusqu'aux nues.

La plupart de ces collines se terminent par de larges plateaux en terrasses qui en couronnent les sommets et sont, pour cette raison, très propres à servir de lignes de défense. Les Indous en avaient fait autrefois la base de toute une série de postes fortifiés, et l'on voit encore, dans les environs de Karli, deux citadelles séparées l'une de l'autre par un vallon, élever, comme deux géants muets, leurs tours et leurs bastions escarpés.

L'entrée du caveau de Karli est située à la hauteur de trois cents pieds environ de la base de la colline, et n'est accessible que par un sentier escarpé, raboteux, qui ressemble plutôt au lit d'un torrent qu'à un chemin praticable.

Ce sentier conduit à une terrasse ou plate-forme en partie artificielle, taillée dans le roc, et construite du fragments de rocher tirés de l'intérieur.

Elle a environ cent pieds de large, et forme un parvis digne de la magnificence de l'intérieur du temple.

A l'entrée on voit, sur la gauche, un pilier de vingt-quatre pieds de hauteur et d'environ huit de diamètre, dont la partie supérieure, en forme de dôme, est surmontée d'une dalle qui soutient les restes de trois lions fort endommagés par la main des siècles.

Le pilier correspondant n'existe plus ; à sa place se trouve un petit pagotin ou temple qui est dédié à la déesse Bouava, mystérieuse divinité fort révérée des brahmes.

Cette colonne de Karli est couverte d'inscriptions en caractères qui, jusqu'ici, ont défié toutes les tentatives faites pour les déchiffrer.

Autrefois, l'entrée du temple creusé dans le rocher était masquée par une espèce de balustrade, laquelle ayant été en partie démolie, laisse apercevoir la magnificence de l'arche qui forme le portique; mais il faut avouer que cette entrée, malgré sa beauté, ne répond pas encore à la magnificence de l'intérieur.

Entre la balustrade extérieure et celle intérieure, il y a un grand vestibule qui s'étend dans toute la longueur du caveau, et où sont sculptées avec art, en haut relief, des figures d'hommes et d'animaux. De chaque côté sont placés trois éléphants de dimensions colossales, leurs conducteurs sur le cou et sur le dos, ainsi que des voyageurs montés dans leurs haoudahs. L'ensemble est d'une exécution libre et hardie. Les autres figures d'hommes et de femmes sont exécutées dans le même goût.

A Karli les figures des divinités ne se voient que sur les murs; le seul objet d'un culte particulier est un grand autel en pierre de forme circulaire surmonté d'un dais en bois.

La longueur du plus grand caveau de Karli est d'environ cent trente pieds sur cinquante de largeur.

La voûte arquée, que supportent des chevrons de croupe, est soutenue par deux rangs de piliers, dont chacun surmonté d'un éléphant porte sur son dos une figure d'homme et une de femme s'embrassant mutuellement et paraissant succomber sous l'énorme poids qu'ils supportent.

L'intérieur de Karli est noble et imposant, mais cependant plus lugubre d'aspect que ceux d'Éléphanta et d'Ellora.

Il est certain que Karli devait être éclairé lorsque, dans des temps préhistoriques, il servait aux cérémonies d'un culte quelconque, car on ne peut distinguer le magnifique aspect des sculptures intérieures qu'à l'aide de lampes ou de tarahs..., cependant l'Inde nous fournit tant d'exemples d'une telle insouciance quant aux résultats, qu'il serait possible que les sculptures faites évidemment en l'honneur des dieux, aient été laissées de tout temps dans l'obscurité.

Selon toute apparence, la charpente en bois de tek qui nuit un peu à l'effet de l'ensemble a été ajoutée dans les temps modernes, pour éviter des éboulements, ou tout au moins des fissures dans les parois du roc, accidents possibles si l'on songe à la grande largeur donnée à ce caveau.

La vue qu'offre la terrasse à l'extérieur du

temple est magnifique, elle s'étend sur une belle et riche contrée bornée par une chaîne de montagnes lointaines.

Le village de Karli est situé à environ deux milles des excavations du temple, et dans un site qui augmente encore la beauté du point de vue.

Des habitations rurales apparaissent çà et là parmi des bosquets de mangoustans, de tamariniers, et au milieu de ce paysage animé par les plus riants tableaux se détache une pagode plus moderne que Karli, et de forme pyramidale comme toutes celles du sud de l'Inde, qui vient compléter, avec l'étang qui l'entoure, le charme de ce spectacle.

La chaîne de montagnes, au milieu de laquelle ont été creusées les excavations de Karli, s'étend du cap Comorin sur une ligne non interrompue à l'exception d'un seul district d'environ douze milles de large, situé dans le territoire malabare au nord de la province de Kandeich. Le district montueux ne s'éloigne jamais de plus de cinquante milles de la mer, ni ne s'en rapproche jamais de plus de huit... C'est la plus grande ramification des Gathes.

Ces pays sont encore peu fréquentés, leurs défilés mal connus, et le parcours en est surtout des plus dangereux à cause de la grande quantité de tigres qu'abritent ces lieux impénétrables.

J'y ai vu des affleurements de métaux qui feront plus tard, je ne le mets pas en doute, la richesse de l'Angleterre.

Rien ne peut surpasser le caractère du pays au delà des Gathes occidentaux : les collines et les vallées y offrent la plus agréable diversité, au milieu d'un luxe de végétation sans pareil.

Partout le roc est recouvert d'un riche sol végétal, et au lieu de présenter les pics nus, rocheux et stériles des versants orientaux, ceux-ci sont revêtus d'épaisses forêts qui s'étendent jusqu'à leurs sommets.

Dans aucune partie de l'Inde ne se trouvent de plus beaux bois, et les bambous y surpassent en grosseur et en force tous ceux que j'ai vus dans les diverses contrées de l'Inde que j'ai parcourues.

Le ratan y atteint une hauteur prodigieuse, et l'on découvre des divers défilés, les vues les plus grandioses et les plus originales qu'on puisse imaginer.

En outre des trésors botaniques, minéralogiques, géologiques et les richesses archéologiques, que renferment les vieux caveaux troglodytes, il est une chose bien digne de remarque, et qui frappera tous les voyageurs, c'est que cette chaîne de montagnes, qui descend vers le sud jusqu'au cap Comorin, est tellement élevée dans sa généralité, et d'une manière à peu près uniforme, qu'elle coupe d'un côté les vents, et de l'autre arrête les nuages. Ce qui fait qu'il y a une différence extraordinaire entre les deux versants de la même chaîne, l'un exposé aux vents qui y dessèchent tout, l'autre à la pluie qui le fertilise.

C'est au milieu de ces sites enchanteurs à divers titres mais d'une beauté toujours âpre et sauvage, que sont situées les gorges dans lesquelles ont été creusées les excavations de Karli.

Outre le grand caveau dont j'ai donné la description, il y en a plusieurs autres qui paraissent les uns n'avoir jamais été exhumés, les autres avoir été laissés dans un état d'imperfection voulue.

La grande crypte souterraine est un lieu de pèlerinage célèbre, et il est rare qu'on n'y rencontre pas une foule de brahmes et de fakirs, venus de tous les points de l'Inde pour y faire des neuvaines dans le caveau des évocations.

Il en est d'autres qui s'établissent à demeure dans le voisinage du temple, macérant leur corps et ne vivant plus que dans la contemplation la plus absolue.

Assis jour et nuit en face de feux flamboyants, qu'entretiennent les fidèles, un bandeau sur la bouche pour s'éviter de respirer la moindre souillure, ne mangeant que quelques grains de riz grillé humectés d'eau filtrée à travers un linge, ils arrivent peu à peu à un état de maigreur qui ne leur laisse même plus les apparences de la vie; les forces morales elles-mêmes s'affaiblissent avec rapidité et quand ils atteignent leur fin dernière par ce long suicide, il y a longtemps qu'ils se trouvent dans un état de décrépitude physique et intellectuelle qui n'est déjà plus la vie.

Tous les fakirs qui désirent atteindre aux transformations les plus élevées dans les mondes supérieurs, doivent soumettre leur corp. à ces horribles macérations.

On m'en montra un arrivé depuis quelques mois seulement du cap Comorin, qui, placé entre deux brasiers pour activer sans doute la décomposition de ses organes, était déjà arrivé dans un état presque complet d'insensibilité.

Quel ne fut pas mon étonnement lorsqu'à une cicatrice qui lui rayait profondément toute la partie supérieure du crâne, il me sembla reconnaître le fakir de Trivanderam! Je m'approchai de lui, et dans cette belle langue du sud qu'il aimait tant à parler, je lui demandai s'il ne se souvenait pas du Franguys de Benarès.

Un éclair parut briller dans ses yeux presque éteints, et je l'entendis murmurer ces deux mots sanscrits qui nous étaient apparus en lettres phosphorescentes le soir de notre dernière séance :

Divyavapour gatwâ.

« J'ai pris un corps fluidique! »

Ce fut la seule marque d'attention que je pus obtenir de lui.

Les Indous des environs, bien qu'ils soient habitués à en voir de toutes sortes, frappés par son étrange maigreur qui le faisait ressembler à un squelette, l'avaient désigné sous le nom de Karli sava, c'est-à-dire le cadavre, le fantôme de Karli.

Ainsi finissent les mediums indous, dans la décrépitude et l'imbécillité.

En passant dans le Bondelcund, le Kandeich et le Berar, contrées où les vieilles mœurs brahmaniques se sont conservées presque pures de tout contact extérieur, j'aurai souvent l'occasion de remettre en scène quelques fakirs de pagodes; j'attendrai donc que ma moisson soit complète avant de porter un jugement définitif sur eux.

[illegible] fatidique. » (Page 92.) D'après un croquis de l'auteur.

Je me borne à indiquer pour le moment que les prêtres brahmes prétendent que ces phénomènes et manifestations extérieures sont les moyens dont usent les Pitris ou mânes sanctifiés des ancêtres, pour prouver leur existence, et communiquer avec les hommes.

Il ne faudrait pas trop se hâter de sourire, sans savoir à quoi ce sourire logiquement nous engage.

Toutes les religions, y compris et surtout le christianisme, ont admis l'existence d'êtres intermédiaires jouant sous le noms de Pitris, de devas, d'anges, de saints, de dews, d'esprits, le rôle d'êtres intermédiaires entre l'homme et les mondes supérieurs, et qu'on se persuade bien que les Indous croient aussi fermement à leurs apparitions, à leurs mains de feu, à leurs miracles, en un mot, que les chrétiens les plus fervents croient aux langues de feu des apôtres, aux apparitions des saints, à tous les miracles, en un mot, de leur religion.

Il n'y a qu'une seule différence entre eux, c'est que dans l'Inde tout le monde est libre de faire des miracles, tandis qu'en Europe le commissaire de police tient aujourd'hui à les vérifier par lui-même... et que, pour en faire réussir encore de temps à autre, il faut choisir des lieux écartés où le tour puisse s'accomplir avant l'intervention des autorités...

Après le départ du fakir, j'employai mon temps à visiter Benarès, et je commençai cette revue des vieux monuments de la ville sainte, par la célèbre mosquée qu'Aureng-Zeb, ainsi que je l'ai dit plus haut, fit bâtir sur les ruines d'une pagode indoue, pour humilier l'orgueil des brahmes.

Aureng-Zeb fut le souverain le plus extraordinaire qui ait jamais régné dans l'Inde, singulier assemblage de vices et de grandeur, de cruautés et de justice; il a laissé dans le souvenir des Indous des traces si profondes qu'aujourd'hui encore on ne le désigne que sous le nom de *grand empereur*. Cette figure est intéressante à esquisser à grands traits.

Pour parvenir au trône, il massacra ses deux frères aînés, Dara et Houdja, et renversa son propre père Shah-Jehan, qu'il réduisit en captivité.

Quelques anecdotes indiqueront mieux le caractère d'Aureng-Zeb, et les mœurs des cours indoues, que mes appréciations personnelles.

Le vieil empereur Shah-Jehan survécut huit ans à la perte de sa puissance, et il faut dire comme une circonstance atténuante du crime d'Aureng-Zeb, qu'il traita son prisonnier avec tout le respect et tous les égards compatibles avec sa position de monarque déchu et captif.

Un jour, il envoya demander en mariage la fille de son frère Dara pour son fils Akbar, espérant, par cette alliance, resserrer les liens qui unissaient déjà sa famille à la noblesse mongole. Shah-Jehan et les gens de sa maison accueillirent cette proposition comme une injure qui leur était faite.

L'empereur déchu répondit que l'insolence de l'usurpateur ne pouvait se comparer qu'à ses crimes; quant à la jeune princesse, elle s'arma d'un poignard, annonçant qu'elle aimerait mieux mourir mille fois plutôt que d'épouser le fils du meurtrier de son père.

Tout cela fut raconté au tout-puissant Aureng-Zeb qui renonça aussitôt à ses projets, sans laisser échapper le moindre signe de mécontentement.

Une autre fois il envoya demander quelques joyaux qu'il croyait nécessaires à l'ornement de son trône. Shah-Jehan lui fit répondre qu'il les ferait réduire en poussière sous le marteau, si jamais on voulait employer la force pour les obtenir.

— Qu'il les garde, répliqua l'empereur, qu'on lui dise même que tous les diamants d'Aureng-Zeb sont à sa disposition.

Le vieux prince fut si touché de cette modération, qu'il envoya aussitôt presque tous les bijoux demandés, en les accompagnant d'une lettre où il lui disait : Prends ces joyaux dont je n'ai plus besoin, porte-les avec dignité, et tâche pour ta gloire de faire oublier à ta famille quelques-uns de ses malheurs.

En lisant cette lettre, dit M. de Jancigny, ancien aide de camp du rajah d'Aoude, à qui j'emprunte quelques-uns de ces faits, l'empereur fondit en larmes et on doit croire que son émotion était sincère.

Par son respect, par le calme dont il ne se départit jamais, par la déférence dont il fit souvent preuve en demandant des conseils, il réussit, non pas à effacer tout ressentiment dans l'âme de son père, mais du moins à réveiller chez lui quelques sentiments d'affection.

Il est vrai que quand il apprit que la fin du vieux Shah-Jehan approchait, il n'osa pas se montrer devant lui, mais il envoya un de ses fils, Shah-Allam, qui cependant arriva trop tard.

Le maître de l'Indoustan montra dans cette circonstance une douleur qui, sans doute, ne fut point jouée, et il saisit aussitôt l'occasion de se réconcilier avec sa sœur Jehanara, qui était toujours restée fidèle à son malheureux père.

Aureng-Zeb occupa encore pendant de longues années le trône de l'Indoustan qui, sous son règne, atteignit son plus haut point de splendeur. Lorsqu'il eut réuni à son empire les royaumes du Deccan, de Caboul et d'Assam, il se trouva le maître de la péninsule entière, et régna sur des territoires plus étendus et des populations plus considérables que ceux de l'empire romain, à son époque la plus florissante.

Le revenu public s'élevait à plus d'un milliard de francs, somme énorme qu'aucun État européen n'a encore atteint, si l'on considère, eu égard au prix de l'or qui va sans cesse en diminuant, par l'enchérissement naturel des denrées, qu'un milliard, il y a deux siècles, en valait plus de quatre comparés à la valeur qu'il aurait aujourd'hui.

Les crimes qui valurent le trône à Aureng-Zeb sont atroces.

L'empereur son père avait désigné Dara, celui de ses fils qu'il aimait le plus, comme son héritier. Aussitôt Mourad et Aureng-Zeb se révoltèrent contre leur père.

L'armée des deux frères, victorieuse sur toute la ligne, vint mettre le siège devant Agra, qui tomba rapidement en son pouvoir. Mourad, blessé à cette affaire, laissa à Aureng-Zeb le soin

de commander l'armée, et de continuer les opérations.

Aureng-Zeb conçut alors le projet, pour satisfaire son ambition, de s'emparer de la personne de son père.

C'était une entreprise délicate et difficile à la fois, le palais fortifié que Shah-Jehan habitait était capable d'une longue résistance, et cette attaque à main armée dirigée par un fils contre son père, contre un monarque qui était resté très populaire, aurait placé les agresseurs dans la plus odieuse position...

C'était donc par ruse qu'il fallait réussir ; mais la ruse pourrait-elle tromper un vieux prince rompu à toutes les formes de la perfidie asiatique ?

Aureng-Zeb résolut cependant d'en essayer.

Un messager vint trouver l'empereur de sa part pour lui exprimer tout le chagrin qu'il avait de le voir dans une aussi triste situation, et lui jurer que celui qui l'envoyait avait toujours pour lui les sentiments d'un fils et la fidélité d'un sujet. Shah-Jehan ne pouvait croire à toutes ces démonstrations ; cependant, pour gagner du temps, il envoya sa fille Jehanara à ses frères avec mission d'examiner l'état réel des affaires.

Elle se rendit d'abord auprès de Mourad qui, la sachant toute dévouée aux intérêts de Dara, leur frère, favori de l'empereur, la reçut très-durement.

La princesse offensée remonta dans son palanquin en toute hâte, et elle sortait du camp lorsqu'elle rencontra Aureng-Zeb, qui la salua avec le plus profond respect, se plaignit tendrement de ce qu'elle semblait vouloir l'éviter, et finit par la décider à entrer dans sa tente.

Là il se représenta comme déchiré par les remords que lui faisait éprouver la conduite qu'on l'avait en quelque sorte forcé de suivre bien malgré lui, et il s'annonça comme tout prêt à la réparer autant qu'il serait en son pouvoir.

Il dit même qu'il aurait épousé volontiers la cause de Dara si elle n'était pas tout à fait perdue. Mais malheureusement il n'y fallait plus songer.

Jehanara, ainsi poussée, se laissa aller à faire connaître toutes les ressources du prince, à nommer les chefs qui restaient fidèles à son parti, lui révélant ainsi bien des secrets importants dont il sut par la suite faire son profit.

En la renvoyant, il déclara qu'il était complètement édifié, promit de seconder ses vues, et ajouta que dans deux jours l'empereur verrait son fils repentant à ses pieds.

Jehanara se hâta d'aller porter à son père les bonnes nouvelles ; le vieux monarque n'avait qu'une médiocre confiance dans ces déclarations ;

croyant cependant qu'Aureng-Zeb avait véritablement l'intention de lui rendre visite, il résolut de profiter de l'occasion pour s'assurer de sa personne. Il ne savait pas qu'en fait de trahison il avait affaire à un génie bien supérieur au sien.

Son fils lui envoya un double message, disant que les coupables sont toujours timides, qu'imaginant à peine comment des crimes aussi grands que les siens pourraient se pardonner, il ne pouvait se croire rassuré qu'autant qu'on permettrait d'abord à son fils Mohamed d'entrer dans le palais avec une petite escorte.

Shah-Jehan avait tant de confiance dans son habileté, et il croyait si bien à la sincérité qui dictait cette proposition qu'il l'accepta sans hésiter.

Mohamed entra donc dans le palais, et après y avoir été reçu avec toutes les apparences de la cordialité, il plaça ses gens dans une bonne position. Mais là, son œil vigilant découvrit bientôt un grand corps de troupes postées dans un endroit très-suspect. Il alla trouver l'empereur et lui exprima la défiance qu'il ne pouvait s'empêcher de ressentir, ajoutant que si ces troupes n'étaient pas immédiatement éloignées il allait informer son père de ce qui se passait, et le dissuader de sa visite.

Le vieillard, de plus en plus aveuglé par le

désir de se venger de son fils rebelle, consentit à ce que les troupes quittassent le palais, circonstance qui rendait Mohamed et ses troupes maîtres de la forteresse.

On annonça alors qu'Aureng-Zeb venait de monter à cheval et s'avançait avec son escorte.

L'empereur, de son côté, s'en fut prendre place sur son trône, plein d'espoir dans la réussite de ses projets.

Cependant on vint lui apprendre que son fils, au lieu de se rendre dans la salle de réception, était allé faire ses dévotions sur la tombe d'Akbar.

Prenant cette démarche pour une insulte faite à sa personne, Shah-Jehan indigné s'écria : — Que veut dire cette conduite d'Aureng-Zeb ?

— Mon père, répondit froidement Mohamed, n'a jamais eu l'intention de visiter l'empereur.

— Mais qu'êtes-vous venu faire ici ?

— Prendre le commandement de la citadelle.

Shah-Jehan vit alors dans quel abîme il était tombé, et se laissa aller à vomir contre Aureng-Zeb un torrent d'invectives inutiles qui déterminèrent son petit-fils à se retirer.

Ayant réfléchi cependant, il envoya chercher Mohamed et, lui peignant les misères de sa situation, il le pria, au nom de ce qu'il avait de plus sacré, de lui rendre la liberté, allant même jusqu'à lui promettre l'empire de l'Inde, que son influence sur le peuple et sur l'armée lui permettait de garantir.

Mohamed sembla hésiter un instant, puis, prenant son parti, il sortit de l'appartement et resta sourd à toutes les supplications qui lui furent encore faites.

Aureng-Zeb n'avait plus alors qu'à se débarrasser de son frère Mourad, mais il craignait peu de ce côté, bien que ce prince, guéri de ses blessures, eût repris le commandement de ses troupes.

Il affecta la plus grande joie de sa convalescence, le salua comme l'empereur de l'Indoustan et déclara que tous ses vœux étaient désormais accomplis, puisqu'il avait contribué à mettre sur le trône un si digne prince.

Quant à lui, il exprima le désir de faire le pèlerinage de la Mecque, digne manière d'inaugurer une vie qu'il voulait tout entière consacrer à la religion.

L'autre, après une feinte opposition, donna son consentement à ce projet, se croyant trop heureux de voir son rival se retirer volontairement.

Cette comédie hypocrite ayant si bien réussi, Aureng-Zeb prépara sous main la ruine de Mourad, et ses projets devinrent si patents qu'il n'y eut plus d'espérance de tromper encore cet esprit si crédule.

Ses amis lui remontrèrent que les préparatifs faits pour le prétendu voyage de la Mecque donnaient en réalité à Aureng-Zeb des moyens suffisants pour tenter la conquête de l'Inde entière ; qu'il cherchait à captiver l'attachement de ses soldats par ses largesses, et qu'il n'y avait plus de temps à perdre pour lui résister.

Détrompé à la fin, Mourad voulut employer contre son frère les armes de la trahison que ce dernier maniait avec tant d'adresse.

Il l'invita à un splendide banquet où tout était préparé pour le mettre à mort ; mais l'œil pénétrant de l'invité découvrit quelque chose de suspect, et, prétextant une subite indisposition, il s'excusa sans laisser croire qu'il avait rien deviné de ce qu'on tramait contre lui.

Quelques jours après, sous prétexte de rendre à son frère les gracieusetés qu'il en avait reçues, Aureng Zeb invita Mourad à une fête, où les plus habiles musiciens et les plus belles filles de l'Inde étaient réunis.

Aureng-Zeb, dépouillant son austérité, se fit tout aimable pour inviter au plaisir le voluptueux Mourad qui, cédant à la séduction, s'endormit ivre dans la tente de son frère ; celui-ci appela aussitôt les plus sûrs de ses partisans, et leur ordonna de charger de chaînes le malheureux prince.

Réveillé en sursaut, il fit les plus violents efforts pour se débarrasser, chercha son épée, mais elle lui avait été enlevée, et son frère, tirant un rideau, prononça sa sentence.

— Il n'a pas le choix, la soumission ou la mort ; tuez-le s'il résiste.

Mourad se déchaîna en violents reproches contre son frère, mais enfin, cédant au destin, il se laissa retenir prisonnier à Agra.

Aureng-Zeb s'étant ainsi débarrassé de tous ceux qui pouvaient lui faire obstacle, trouva qu'il était temps enfin d'étendre le parasol impérial sur sa tête. Il lui était cependant difficile de faire voir des prétentions si contraires à tout ce qu'il avait dit jusque-là, de son désir de vivre dans la retraite, occupé seulement de méditations religieuses. Il imagina de se faire supplier par ses amis de vouloir bien sacrifier son bonheur et ses pieuses résolutions à la félicité publique, et de se résigner au douloureux fardeau de la couronne. Après quelques semblants de résistance, il finit par se laisser persuader ; mais pour être fidèle en quelque manière au rôle qu'il avait joué jusque-là, il s'abstint de toute la pompe que déployaient ordinairement les souverains à la cérémonie de leur couronnement.

Cependant les exclamations du peuple arrivèrent jusques dans sa prison, aux oreilles du monarque captif, qui devina que quelque événement funeste se préparait pour lui.

Il pria sa fille Jehanara d'aller voir ce qui se passait, mais il la rappela aussitôt par crainte que ces bruits n'eussent quelque rapport avec l'exécution de Dara, et que la tête du malheureux prince, son fils aîné, fût exposée aux yeux de sa fille.

Malgré cela Jehanara trouva le moyen d'apprendre la vérité et d'en informer le malheureux empereur.

A cette nouvelle, il se leva plein d'agitation, et se promena silencieusement dans sa chambre puis apercevant une couronne pendue au-dessus de la place où il était d'abord assis :

— Qu'on enlève ce hochet, dit-il, puis se reprenant :

— Non, qu'on le laisse, ce serait presque reconnaître les droits d'Aureng-Zeb.

Il continua ensuite sa promenade plongé dans de douloureuses pensées, et après un long intervalle de pénible silence, il dit :

— Jehanara, le nouvel empereur est monté sur le trône avant son temps, il aurait dû ajouter l'assassinat de son père à tous les crimes qui l'ont déjà élevé si haut.

On vint lui annoncer en ce moment que Mohamed demandait à lui parler pour lui expliquer les motifs qui avaient porté Aureng-Zeb à se saisir de la couronne.

Le prince déchu répondit dans un moment d'indignation :

— Des pères ont déjà été déposés par leurs fils, et ce n'est malheureusement pas un fait nouveau, mais il était réservé à Aureng-Zeb d'ajouter l'outrage aux malheurs de son père. Quels motifs autres que son ambition ont pu le porter à usurper le trône ?... Ecouter son hypocrite plaidoyer serait presque avoir l'air de reconnaître la légitimité de ses motifs.

Aureng-Zeb, agité peut-être par ses remords, et ayant d'ailleurs peu de chose à dire pour sa défense, n'insista pas davantage.

Il était parvenu au comble de ses désirs, il avait vaincu et trompé son père, et se trouvait être le plus puissant monarque de l'Asie, il ne pouvait encore ambitionner un pardon qu'il n'eût pas obtenu.

Il retint Shah-Jehan dans la captivité la plus étroite jusqu'à la fin de ses jours, mais le traita toujours avec une déférence et un respect qui avaient fini par adoucir un peu la colère du vieil empereur.

Ce dernier, sans la forteresse qui refusait obstinément de lui ouvrir ses portes, aurait pu se croire encore sur le trône : les moindres de ses désirs étaient considérés comme des ordres, et il lui arriva souvent de faire briser d'un seul signe par son fils, de hauts fonctionnaires, des ministres même, qui lui avaient déplu.

Cependant Aureng-Zeb ne pouvait se croire en sûreté sur le trône, tant que ses frère Dara et Houdja vivaient, et surtout étaient à la tête d'armées puissantes.

Le premier à cause de ses brillantes qualités, et parce qu'il avait été désigné par son père comme héritier du trône, lui parut plus à craindre que l'autre; c'est contre lui qu'il dirigea ses premiers efforts.

Retiré à Lahore, Dara y avait réuni une armée plus nombreuse que celle de son adversaire, mais composée de nouvelles levées, qu'il n'osait pas exposer en rase campagne aux troupes d'Aureng-Zeb.

Il se retira donc au delà de l'Indus; mais, la retraite avec une armée comme la sienne n'était pas moins désastreuse qu'une défaite réelle. Les rangs s'eclaircissaient donc à mesure qu'il avançait; arrivé à Tatta, il n'avait plus autour de lui qu'une poignée de fidèles serviteurs.

Aureng-Zeb aurait sans doute poursuivi Dara sans relâche, s'il n'eût appris que son autre frère Houdja arrivait du Bengale avec des forces imposantes.

Il rencontra ce rival près d'Allahabad dans une position très forte; toutefois, se confiant dans la valeur de ses troupes, il résolut d'attaquer.

La bataille ne commença pas bien pour lui; dès le matin ses Rajpoutes, qui ne l'avaient accompagné que par force, l'abandonnèrent, et même attaquèrent son arrière-garde, de telle sorte que les Mogols ayant à faire face partout, étaient très rudement pressés. L'éléphant que montait Aureng-Zeb reçut une grave blessure dans la mêlée; il s'agenouilla et l'empereur, un pied hors de son haoudah de combat, allait descendre; mais comme dans les batailles de l'Inde, la présence du souverain sur son éléphant de guerre est toujours le point autour duquel toute l'armée se rallie, son visir Djemba lui cria :

— Vous descendez du trône, Aureng-Zeb.

L'empereur, sentant la justesse de cet avis, reprit sa place, ordonna d'enchaîner l'animal, et couvert de son armure, il resta impassible sous les traits dont l'accablaient les ennemis.

Ses soldats, encouragés par l'exemple de leur chef, firent des prodiges de valeur, et finirent après les efforts les plus héroïques par mettre le désordre dans les rangs de l'ennemi.

De plus, il arriva que l'éléphant de Houdja fut blessé à son tour et le prince commit la faute que son rival avait évitée.

Il monta sur un cheval. A la vue de l'éléphant royal fuyant sans son cavalier, l'armée frappée de terreur se dispersa, et Houdja n'eut d'autre ressource que de se jeter dans la forteresse de Monghir.

Aureng-Zeb fut alors obligé de donner quelque répit à l'ennemi qu'il venait de vaincre.

Arrivé à Tatta, Dara avait repassé l'Indus, et traversant le grand désert il s'était jeté dans la province de Gougerat.

Là, il détermina le gouverneur, dont la fille était mariée à Mourad, à embrasser sa cause, puis avec son concours levant une puissante armée, il pénétra dans le Rajpoutum, où il vint avec son armée prendre une position très forte.

Aureng-Zeb arrivant à marches forcées sur les lieux, jugea avec déplaisir la position que son frère avait prise.

Il offrit la bataille par des insultes; même il provoqua l'orgueilleux Dara, mais celui-ci eut la prudence de refuser le combat. A la fin cependant l'empereur, fertile en stratagèmes, en inventa un qui réussit.

Ayant avec lui les deux chefs qui avaient le plus contribué à la dissolution de la première armée de Dara, il les chargea de lui écrire en lui assurant que la nécessité seule les avait forcés de manquer à leurs devoirs, qu'ils étaient tout prêts à le rejoindre, et que s'il voulait laisser à une heure donnée de la nuit une certaine porte de son camp ouverte, ils viendraient avec tous leurs soldats se placer sous ses ordres.

En vain les plus sages conseillers de Dara voulurent-ils lui montrer le péril auquel il allait s'exposer, en vain lui rappelèrent-ils toutes les perfidies d'Aureng-Zeb, il se laissa aveugler par l'espérance de réunir à ses forces quelques milliers de soldats qui lui donneraient une supériorité décisive.

La porte fut laissée ouverte à l'heure indiquée, les chefs entrèrent et derrière eux l'armée impériale.

Détrompé trop tard, Dara essaya une inutile résistance, et malgré ses héroïques efforts, il ne put que s'échapper avec une poignée d'hommes.

Il se dirigea sur la capitale de Gougerat, espérant y trouver un asile, mais le gouverneur ne voulut pas le recevoir, et il ne reçut un asile chez un autre chef, Djihan khan, que pour être livré à Aureng-Zeb qui le fit assassiner.

Le vieux Shah-Jehan et Mourad emprisonnés, Dara mort, Aureng-Zeb n'avait plus d'autres compétiteurs que son dernier frère Houdja;

il envoya contre lui son fils Mohamed qui jusqu'à ce jour avait partagé sa fortune, et son vizir Djemba. Cette dernière expédition faillit prendre un caractère sérieux.

Mohamed avait été dans son enfance fiancé à une fille de Houdja ; une lettre écrite par cette jeune princesse le décida à trahir son père, peut-être aussi l'exemple de son père le poussait-il à imiter ses crimes, dans le but de le détrôner à son tour. Il passa dans les rangs de son oncle, espérant qu'une partie de son armée le suivrait.

Mais il avait compté sans Djemba, bras droit d'Aureng-Zeb, et qui avait pour son maître un véritable culte.

Ce vizir, homme de guerre expérimenté, et aimé de ses soldats, sut maintenir son armée dans le devoir ; il livra bataille à Houdja et à Mohamed, et les défit complètement à la tête des vétérans que depuis dix ans il menait à la victoire. Mohamed pris fut enfermé dans la citadelle de Gwalior, où il termina ses jours.

Son père refusa constamment de lui pardonner, malgré ses services passés... On ne trahissait jamais deux fois Aureng-Zeb.

Quant à Houdja, qui avait pu prendre la fuite, il fut poursuivi à outrance, finit par être pris et massacré avec toute sa famille.

Aureng-Zeb était désormais seul maître de l'Indoustan.

A partir de ce moment, il mérite que l'on dise de lui qu'il fut le plus grand prince qui ait régné sur l'Inde.

Au milieu des splendeurs et des magnificences orientales de sa cour, dit M. de Jancigny, il menait lui-même une vie simple et austère.

Il ne se permettait à lui-même et ne permettait à personne dans son entourage aucun désordre, aucune mollesse.

Dès l'aube du jour on le voyait assis dans sa salle d'audience, accessible au plus humble de ses sujets, rendant à tous une justice impartiale, réparant les torts, soulageant les malheureux par ses générosités, enfin d'après les historiens mahométans et même les historiens anglais, il semble que la dernière partie du règne d'Aureng-Zeb ait été pour l'Inde entière un autre âge d'or.

Faut-il se fier entièrement aux panégyristes musulmans, que les historiens anglais paraissent avoir un peu trop servilement copiés, pour se faire une idée exacte de ce prince extraordinaire ?

Voici le jugement qu'a porté sur lui l'ancien aide de camp du rajah d'Aoude, à qui nous avons emprunté les diverses particularités de ce règne :

« Ses crimes sont trop affreux pour qu'on les puisse oublier, et cependant dans le cours de sa longue vie, il déploya de nombreuses et d'importantes vertus. »

Dans l'administration de la justice, il était assidu et impartial, il ne se laissait aller ni à ses passions, ni à ses caprices; ses aumônes étaient presqu'intarissables et en toute occasion il montrait un souci sérieux pour le bien-être de son peuple.

Entouré de toutes les séductions qui peuvent corrompre un homme par les plaisirs des sens, professant une religion qui sous ce rapport laisse toute liberté aux passions, sa vie particulière était pure, simple et presque ascétique.

Fut-il sincère dans ses opinions religieuses?

On doit croire au moins que si quelquefois elles servirent sa politique, elles cachaient un fond de piété réelle.

Ce qui confirme cette opinion, c'est la persécution qu'il fit subir aux Indous, imprudence qui au point de vue politique n'aurait par échappé à un prince si fin et aussi clairvoyant; on ne peut l'attribuer à d'autres causes qu'à la vivacité réelle de ses sentiments.

Il y a lieu de penser aussi que, même au milieu des plus grandes aberrations, le sentiment moral ne fut jamais étouffé dans son cœur, que si la tempête de l'ambition, quand elle s'éleva dans son âme, sembla faire tout disparaître, les crimes qu'elle lui fit commettre restèrent pour sa vie un sujet de remords cruels.

Le sang de sa famille qu'il versa sans pitié, coulait toujours aux yeux de son imagination; de sorte qu'assis sur le plus grand trône du monde et doué de tous les talents, de toutes les qualités qui pouvaient l'y faire briller, Aureng-Zeb, porté au faîte des grandeurs humaines, ne mena qu'une vie misérable.

Quelques lettres de lui qui nous ont été conservées, et qu'il écrivit à son fils quand il sentit approcher la mort, portent tout le caractère de la sincérité, et donnent une idée effrayante des émotions qu'il dut ressentir à ses derniers moments, lorsque les grandeurs mondaines qu'il avait achetées à un prix si terrible allaient le quitter pour jamais,

« La vieillesse est arrivée, dit-il, la faiblesse me domine, et la force abandonne tous mes membres, faible je suis venu dans ce monde et je vais le quitter faible... Je ne sais rien de moi-même, ni de ce que je suis, ni de la fin à laquelle je suis destiné. Le temps que j'ai passé au pouvoir n'a laissé que des regrets derrière lui. Je n'ai pas été le protecteur et le gardien de l'empire, le temps précieux de l'activité s'est consumé dans la vanité. Au dedans de moi-même j'avais un gardien de mon honneur, la conscience, mais sa glorieuse lumière n'a pas été aperçue par mon aveuglement.

« Je n'ai rien apporté dans ce monde et, sauf les infirmités de l'homme, je n'en emporte rien.

« Je crains pour mon salut et je n'envisage qu'avec terreur les châtiments qui m'attendent.

« Bien que j'aie une ferme confiance dans la miséricorde et la bonté de Dieu, cependant quand je considère ce que j'ai fait, la crainte m'assiège et me poursuit sans relâche, et quand je serai parti de ce monde, il ne sera plus temps de réfléchir. Ma tête se courbe sous la faiblesse de l'âge, et mes pieds ont perdu la puissance du mouvement.

« Le souffle qui m'anime va en se perdant, et ne laisse aucune espérance après lui.

« J'ai commis des crimes innombrables, et je ne sais pas quels châtiments m'attendent. La garde du peuple est le fardeau confié par Dieu à nos fils. Je vous confie, vous, votre mère et votre fils, mon petit-fils, à la bonté de Dieu, car moi je m'en vais.

« L'agonie de la mort gagne rapidement sur moi...

« Odiparé, votre mère, m'a soigné pendant la maladie, elle veut me suivre dans la mort, mais à chaque chose le temps a été marqué par une sagesse supérieure à la nôtre et se joue de nos désirs.

« Je m'en vais, quelque chose de bien ou de mal que j'aie fait, c'était pour vous.

« Personne n'a assisté à la séparation de son âme d'avec son corps, mais moi je sens que la mienne me quitte. »

C'est en ces termes que le grand empereur léguait à ses fils son trône et ses remords.

La visite minutieuse que je fis à la mosquée d'Aureng-Zeb m'avait remis en mémoire les principaux traits de la vie de cette grande figure, mélange de vices, de cruautés odieuses et de vertus singulières... et il m'a paru qu'il ne serait pas dénué d'intérêt de faire connaître son histoire qui est du reste celle de la plupart des monarchies de l'Asie, dont toutes les pages sont souillées par le poison, le poignard et la trahison.

Avant l'érection du temple d'Aureng-Zeb, les Brahmes prétendaient que la ville sainte, bâtie par Siva lui-même et soutenue par le dieu sur la pointe de son trident, n'éprouverait jamais un de ces changements ou révolutions qui de temps à autre bouleversent quelque partie du monde. Ils soutenaient que cette céleste cité, qui ne faisait pour ainsi dire pas partie de cette terre, ne serait jamais souillée par le contact de dieux étrangers, et que le sang des animaux dont tous les Indous ont une insurmontable horreur, ne serait jamais versé sur ce sol sacré.

Combien ils ont dû en rabattre ! Les mosquées musulmanes s'élèvent maintenant à côté des temples de Siva, et le sang des animaux coule tous les jours dans les ruisseaux de la cité sainte.

Les conquérants musulmans, peu soucieux de ne pas blesser les préjugés religieux des Indous, n'ont jamais voulu abandonner leurs kababs, et ils mettent à mort sans aucune précaution extérieure les animaux qui leur servent de nourriture.

Ils ont établi presque au coin de toutes les rues des boucheries, où l'on voit étalés sur de longues perches de maigres morceaux de viande, rôtis estimés des tables musulmanes, mais qui, avant d'entrer dans leur bour-ouatchi-khoua ou cuisine, a servi de régal pendant plusieurs heures à des milliers de mouches.

Autrefois le meurtre d'un animal par toute autre main que celle d'un prêtre et pour tout autre motif que celui d'un sacrifice religieux, aurait excité une révolte dans la pieuse cité, mais les Brahmes sont maintenant accoutumés à voir la vache sacrée tomber victime des appétits de leurs anciens dominateurs, et les bazars sont aujourd'hui très bien approvisionnés de veau et de bœuf, à l'usage des résidents anglais et européens, qui, au début, se privaient de manger ouvertement de ces viandes, pour ne pas exciter les colères et les haines sourdes des Indous.

Du fleuve la vue de Benarès est des plus imposantes, mais pour se faire une idée juste de cette singulière cité il faut pénétrer dans son intérieur, traverser ses rues étroites et tortueuses, ses nombreux labyrinthes, et observer de quelque point élevé, l'aspect particulier de chaque quartier. Le meilleur moyen, quand on ne craint pas la fatigue, est de monter aux minarets des mosquées, où l'on arrive par un escalier étroit et qui ne serait pas trop incommode si ce n'était que par un défaut de précaution tout asiatique, les jours destinés à laisser entrer l'air et la lumière, autant qu'à orner le monument, n'avaient été laissés ouverts sans aucune balustrade, ce qui rend dangereux au plus haut point l'ascension du sommet des coupoles, pour toute tête sujette aux vertiges.

Lorsqu'ayant heureusement franchi tous ces obstacles le voyageur contemple Benarès du haut de la lanterne qui couronne les minarets et les coupoles, il est agréablement récompensé de la peine qu'il s'est donnée, par la vue des beaux jardins et des places spacieuses dispersés au milieu des habitations qui bordent les rues étroites de la ville.

Quelques-unes de ces habitations remarquablement belles, sont environnées de galeries en pierre, décorées à profusion d'ornements pleins de fraîcheur et flanquées de tours élevées d'où l'on jouit de la vue la plus délicieuse que l'on puisse imaginer. Tout le pays se déroule sous vos yeux, avec ses plaines fertiles, ses bois touffus et son fleuve si paisible et si majestueux.

Des milliers d'autres constructions plus petites, demeures des riches babous et des Européens de distinction, sont entourées de parterres garnis de fleurs; une fontaine généralement en occupe le centre, qui fait retomber en fine pluie sur les gazons et les fleurs son eau fraîche et bienfaisante. Dans ces charmants séjours, où rien ne vient les troubler, se trouve une grande quantité d'oiseaux au plumage élégant et plein d'éclat, une foule de variétés de tourterelles et de pigeons verts appelés pigeons des pagodes, des geais bleu et or, des moineaux à tête noire et jaunes sous la poitrine, des perroquets de toutes nuances et de toutes espèces, depuis le grand ara blanc, rouge, violet ou bleu, jusqu'à la perruche émeraude à collier rouge, prennent leurs ébats dans ces charmants asiles, jouant et voletant de branche en branche, pendant que ces grands échassiers goitreux que l'on appelle dans le pays des *philosophes*, se tiennent debout sur une patte au sommet des monuments et semblent dormir.

C'est à gauche, à une petite distance d'Aureng-Zeb, que se trouve situé le palais du Peichwa qui m'avait donné une royale hospitalité.

Il semblerait que les musulmans se soient contentés de la protestation d'Aureng-Zeb, car aucune autre mosquée que celles réunies en un seul corps de bâtiment par le grand souverain n'a été construite à Benarès; en revanche les temples indous s'y rencontrent avec une réelle profusion : mais hélas ! dans quel état de décrépitude et de ruine le visiteur les trouve aujourd'hui !

Construire un temple, planter un arbre ou creuser un puits, sont trois choses utiles entre toutes, parce que, disent les livres saints des Indous, elles profitent non seulement à leur auteur, mais encore aux générations suivantes.

Accomplir ces trois choses, au moins une fois en sa vie, était la plus étroite de toutes les obligations des classes riches sous la domination brahmanique ; les livres saints n'ont pas cessé d'en faire une loi pour ceux qui veulent vivre et mourir sous la protection de Vischnou, ou de Siva plus spécialement vénéré à Benarès; mais cette obligation est moins observée, quoique beaucoup de riches personnages s'y soumettent encore.

Mais si l'érection des temples est ordonnée, il n'y a aucune clause spéciale qui oblige à la réparation des édifices ; on va toujours construisant des annexes, sans s'inquiéter du monument principal, ni essayer d'arrêter les progrès de la destruction.

Il est du reste absolument dans le caractère indou de dédaigner de prévoir le mal et de le réparer.

Il n'est pas rare de voir deux ou trois marches du plus riche perron, séparées par une distance d'un mètre ou deux, des autres marches supérieures du perron qui, de cette façon, est rendu absolument inutile par cette solution de continuité, mais personne ne songe à y remédier, et si d'aventure il se trouve dans le voisinage un personnage qui tienne à mourir en odeur de sainteté, au lieu de réparer le dommage, il fera construire un autre perron à côté. Si par hasard il vient à mourir avant que son œuvre ne soit entièrement exécutée, ses héritiers ne feront pas la plus petite chose pour terminer les travaux commencés. Chacun n'est jaloux que pour lui-même d'acquérir un *grand nom* (*bourra nam*). Quant à l'esprit public, il ne va jamais jusqu'à étendre à l'utilité générale les sacrifices de l'intérêt personnel.

Il y a sur les bords du Gange une pagode dont les tours en forme de mître du plus pur style indou s'inclinent sur l'eau comme la tour penchée de Pise; eh bien ! son histoire est celle non-seulement des autres pagodes de Benarès, mais encore de tous les temples de l'Inde. On a laissé ruiner les fondations, et toutes les parties de l'édifice qui reliaient entre elles ces tours aux coupoles pointues sont tombées dans l'eau.

Malgré leur état de vétusté, la visite de ces temples est des plus intéressantes. Dès le point du jour les prêtres en fonctions dans les différentes pagodes sont en mouvement, quelques-uns récitent des passages des Vedas pour l'édification des fidèles qui apportent l'eau sacrée du Gange dont on asperge les statues des dieux, ou qui viennent apporter des offrandes plus importantes, faire leurs dévotions et joncher le sol de fleurs.

De grandes corbeilles remplies de fleurs bénites par des aspersions d'eau lustrale sont mises en vente à la porte des pagodes, et le pavé disparaît littéralement sous deux couches de

« Il y a sur les bords du Gange une pagode dont les tours en forme de mitre du plus pur style indou s'inclinent sur l'eau comme la tour penchée de Pise. » (Page 122.) D'après une photographie de l'auteur.

grandes fleurs blanches, rouges et jaunes, qui forment le plus brillant tapis du monde.

Dans toutes les cours des principales pagodes se voient des gros taureaux consacrés à des dieux de la divine trimoursi : Brahma, Vischnou, Siva. On souffre que ces animaux bien traités et bien nourris, errent à volonté dans les bazars, où ils se repaissent des grains et des légumes qui sont exposés pour la vente.

Il est absolument défendu de les tourmenter, et en cela ils sont protégés autant par la loi religieuse, la force de la coutume que par la douceur de leur caractère. Pendant tout mon séjour au Bengale je n'ai pas entendu parler d'un seul accident arrivé par la méchanceté des bœufs sacrés.

Et cependant Dieu sait si grand est le nombre de ces animaux qui infestent les villages et les abords des villes.

Parfois ils se reposent gras et bien repus au milieu d'une rizière, d'une terre à menus grains, cambous ou autre récolte, refusant de se lever, rendus paresseux par la bonne chère et l'oisiveté.

Dans cette circonstance l'Indou n'a pas d'alternative, il doit attendre patiemment que l'animal sacré veuille bien se lever volontairement et se retirer. Mais les pariahs et les musulmans ont un moyen plus court d'en finir, ils les chassent à coups de bâton, et les gens de basse classe parmi les sectateurs de Mahomet, à condition que l'obscurité d'une nuit sans lune les favorise, emmènent tranquillement l'animal dans un lieu écarté, lui donnent le coup de grâce et se partagent ses dépouilles; s'ils étaient surpris, un pareil acte ne manquerait pas d'exciter une haine terrible entre eux et les Indous. Quant aux pariahs simplement soupçonnés d'un pareil acte, ils se feraient assommer sur place.

Nonobstant le caractère sacré de toute la race, le taureau est bien moins vénéré dans le nord de l'Inde que dans le sud, et les seuls bœufs placés sous la protection directe des temples y sont exempts des mauvais traitements. Le Bengali se bornera à ne pas les tuer, mais il ne se fera aucun scrupule de leur mesurer parcimonieusement leur nourriture, de les accabler de travaux fatigants. Pour avoir droit à des égards et être complètement protégé par la superstition, il faut que cet animal ait été consacré à la divinité; dans ce cas l'Indou du nord aussi bien que celui du sud risquera sa vie pour le défendre.

J'ai connu au Bengale un conducteur des ponts-et-chaussées, qui manquant un jour d'animaux pour ses charrois, fit saisir deux taureaux sacrés qui erraient par la campagne et les obligea à subir le joug; immédiatement tous les Indous de caste employés pour le service des travaux désertèrent les bureaux et les chantiers; il voulut persister et faire conduire son attelage par des pariahs ou des musulmans, ces derniers refusèrent par crainte de se faire une mauvaise querelle avec les Indous. Pour ne pas paraître céder au préjugé et avoir le dernier mot dans cette querelle où il avait tous les torts, car enfin ces taureaux appartenaient au temple et il n'avait pas le droit de s'en emparer, il chargea un de ses surveillants européens de conduire un charroi sur les chantiers, mais le mouvement d'opinion fut tel et les menaces de mort anonymes lui arrivèrent avec tant d'abondance, que l'autorité supérieure, avertie, dut mettre à la raison ce fonctionnaire inintelligent.

La vraie tolérance et la vraie liberté consistent à respecter les croyances et les préjugés des peuples qui n'ont ni nos idées ni nos mœurs..., surtout lorsque nous-mêmes, comme croyances et comme préjugés, n'avons pas des choses moins singulières à faire excuser.

Tous les animaux dans l'Inde sont en général protégés, car le respect de la vie sous toutes les formes y est poussé jusqu'au culte. Mais il y en a un petit nombre qui sont regardés particulièrement comme sacrés et que l'on nomme

Brahmanés ou Brahmes. En outre des taureaux nourris dans le temple dont je viens de parler, il y a les canards brahmes, les pigeons brahmes, les lézards et les serpents brahmes, et toute une série d'animaux consacrés aux dieux.

Une chose dont il ne faut pas oublier de parler à propos des temples de Benarès, c'est la foule de mendiants et de fakirs qui encombrent les abords des pagodes les plus renommées. La réunion de ces mendiants ou pénitents forme le plus hideux tableau que l'on puisse voir. Estropiés, perclus, mutilés, les uns par accident, les autres par pénitence religieuse, cet état leur vaut une extraordinaire réputation de sainteté; beaucoup n'ont d'autre vêtement que leur crasse, la craie dont ils se barbouillent le corps, leur barbe et leurs cheveux qu'ils laissent pousser dans le plus grand désordre. Il ne faut pas confondre ces illuminés avec les nombreux ordres de prêtres mendiants que l'on rencontre dans l'Inde; ces derniers gras, replets et luisants de santé, sont bien vêtus, bien logés, bien nourris, et ne mendient que pour obtenir des fidèles le moyen de mener cette vie oisive et béate, que les dieux sous toutes les latitudes, prodiguent à ceux qui se vouent au service des autels.

Tous ces temples possèdent une troupe bien choisie de jeunes et charmantes bayadères.

Elles occupent dans la pagode elle-même des logements spécialement disposés pour elles, et ont pour mission principale de danser et de chanter auprès des statues des dieux. Elles sont, en outre, prêtresses de l'amour, et il faut reconnaître pour être juste que ces belles filles, ont une prédilection marquée pour cette seconde partie de leurs attributions.

Elles ne dédaignent même pas d'aller offrir le sacrifice à Kama, le Cupidon indou, dans la demeure des riches Européens, à condition que l'étranger leur plaise. Cette expression de *riche* que j'accole au nom d'Européen ne doit pas faire croire à la vénalité des faveurs de ces jeunes pécheresses. Ni pour or ni pour argent elles ne se donneront à un belatti (étranger, barbare) si ce dernier n'a su se faire désirer, en un mot, n'a su faire parler leurs sens, et la première des conditions pour que la bayadère distingue un Européen, c'est qu'elle le croie de haute caste dans son pays.

Rien n'est curieux alors comme de voir par quel coquet manége elle sait faire comprendre que son cœur est touché, et de quel luxe de précautions elle s'entoure pour venir rendre visite à l'heureux mortel qui est l'objet de son caprice passager. Tout, en effet, la religion, les mœurs, la coutume lui interdit de pareilles faiblesses, sous les peines les plus sévères, qui vont jusqu'à l'exclusion du corps des bayadères et de la pagode.

Mais l'amour est un dieu si souverain dans l'Inde, qu'on fermera les yeux, à une seule condition, c'est que, respectant les préjugés de sa race, la jeune bayadère emploiera tous les moyens usités en pareil cas pour se cacher... Tout le monde saura à n'en pas douter dans son entourage qu'elle aura fait une escapade, mais nul ne songera à la lui reprocher, car personne ne l'aura vue et n'aura même cherché à la voir. Elle a pris toutes les précautions voulues, elle est indemne. On peut dire sur ce point que l'Inde a modifié dans un sens absolu le proverbe européen : Péché caché est entièrement pardonné.

Je ne puis résister au désir de narrer les péripéties d'une de ces bonnes fortunes qui se sont déroulées sous mes yeux.

Un jour, je visitais avec un jeune compatriote, nouvellement débarqué, la vieille pagode de Villenoor, dans le Carnatique, à trois lieues de Pondichéry. Mon compagnon était un vrai type de beauté et de force masculines, et, chose singulière, son visage offrait une alliance intime d'énergie et de grâce qui frappait toutes les femmes. Il était brun et mat comme un Espagnol ou un Grec de belle race.

Comme nous traversions les cours qui avoisinent l'étang sacré, les Brahmes, qui ne perdent jamais l'occasion d'une bonne aubaine, envoyèrent toute la troupe de bayadères attachées à la pagode auprès de nous pour quêter au profit des dieux. Elles apparurent dans leurs costumes de soie de différentes nuances, lamés d'or et d'argent, avec des fleurs naturelles dans les cheveux, les chevilles et les poignets ornés de bracelets magnifiques, et les yeux éblouis de mon compagnon crurent voir apparaître les danseuses célestes du paradis d'Indra.

La plus jeune n'avait pas treize ans et la plus âgée en comptait à peine dix-huit. Tous les degrés de la beauté, depuis celle en sa fleur, jusqu'à celle du fruit à peine mûr, étaient représentés dans cette gracieuse troupe de vierges folles, qui dardaient sur nous ces grands yeux humides et pleins de promesses, qui semblent être le signe distinctif des femmes de l'Indoustan.

Parmi toutes ces charmantes filles qui défilaient près de nous, implorant notre obole avec un sourire qui payait d'avance et au centuple notre offrande, je n'en remarquai pas une seule qui n'arrêtât avec complaisance un fugitif regard sur mon jeune ami. Une d'entre elles en passant le salua d'un imperceptible clignement d'œil auquel il ne prit pas garde et que nul, si ce n'est moi peut-être, ne parut remarquer.

Si je n'eusse habité l'Inde depuis plusieurs années, il se peut que je n'eusse moi-même accordé aucune attention à un mouvement d'yeux accompli si naturellement, que la cause la plus indifférente pouvait l'avoir occasionné ; mais je savais que les aventures galantes ne pouvaient débuter autrement, dans un pays où tout dans la conduite extérieure est soumis aux règles de la plus sévère décence, quitte à jeter le dernier bracelet par-dessus les moulins dès que les portes sont bien closes et que le *meti* veille au dehors, pour qu'un œil profane ne vienne pas se glisser entre les épais rideaux de vétyver.

La bayadère qui venait d'attirer mes soupçons était une belle fille au profil allongé comme une madone italienne, sa taille bien prise et flexible reposait sur des hanches fortement développées, son opulente poitrine faisait craquer le léger corset de soie cerise pailletée d'or qui la soutenait sans la voiler, ainsi qu'une bandelette sacrée soutenait l'abondante chevelure des vestales. Ses grands yeux semblaient taillés dans du velours, ses lèvres rouges et d'un modelé provocant avaient l'éclat d'une grenade entr'ouverte, et le vieux cliché, qui met deux rangs de perles dans la bouche de toutes les jolies femmes, cette fois pouvait se placer sans courir le risque d'être taxé d'exagération, ses dents avaient les reflets de la nacre et du lait; les mains et les pieds, on n'en parle pas dans l'Inde, pays où les femmes semblent toutes sur ce point rivaliser de grâce et de finesse.

Cette jeune bayadère pouvait avoir de seize à dix-sept ans au plus, sa beauté avait acquis son entier et parfait développement, et plus je la regardais, plus je me disais qu'il était impossible de rêver un type de femme plus sensuel et plus irritant.

Elle dut remarquer l'attention avec laquelle je l'observais, car sur l'ordre du chef des Brahmes, ayant dansé avec ses compagnes pour nous remercier des aumônes que nous venions de faire à la pagode, elle ne tourna plus une seule fois ses regards de notre côté, et quand elle regagna la galerie couverte sous laquelle se trouvent les appartements des bayadères, c'est en vain que j'essayai de surprendre le moindre signe, le geste le plus indifférent qui m'éclairât sur l'impression que mon jeune ami avait produit sur son imagination; elle ne laissa plus rien paraître et rentra dans sa demeure avec toutes les apparences de l'indifférence la plus complète.

Cette conduite eut cependant dans ma pensée un résultat contraire à celui qu'elle se proposait peut-être d'atteindre, car je ne vis dans l'exagération de sa tenue qu'un moyen habile de mieux déguiser ses sensations.

Il se peut que je me trompe, me dis-je en moi-même, mais voilà le début d'une aventure dont mon compagnon n'a pas le moindre soupçon, mais qu'il n'oubliera de sa vie si elle se déroule jusqu'au bout.

On ne peut pas se douter de ce qu'est l'amour d'une brune fille de l'Inde, quand, la passion aidant, elle vient se jeter elle-même dans vos bras...

Je ne dis rien à mon ami, pour ne pas éveiller une tempête de cerveau dans sa jeune tête, et puis je pouvais commettre une erreur. Mais, en revenant, j'ordonnai au cavalère de modérer un peu l'allure de nos chevaux pour nous rendre la conversation plus facile, et je mis l'entretien sur le chapitre des belles filles que nous venions de visiter.

On conçoit que je n'eus pas de peine à les prendre comme objectif, mon compagnon était tout feu et tout flamme, et pendant la petite heure que nous mîmes à parcourir la distance qui sépare Villenoor de Pondichéry, son admiration pour les prêtresses du temple de Siva ne cessa pas un seul instant de se traduire par les louanges les plus enthousiastes.

— Je donnerais dix ans de ma vie, finit-il par me dire en manière de conclusion, pour être aimé, ne fût-ce qu'un jour, par une de ces ravissantes créatures.

— Et laquelle choisiriez-vous ? lui dis-je en souriant.

— La jeune fille au pagne de soie jaune broché d'argent, qui avait de si belles émeraudes aux oreilles.

C'était bien celle dont il avait lui-même été remarqué.

Je ne pus m'empêcher de lui dire que le hasard avait d'étranges bizarreries, et que peut-être n'aurait-il pas besoin de faire un aussi lourd sacrifice pour voir combler ses vœux.

Il prit la balle au bond et me pria de m'expliquer.

Je lui répondis pour le calmer, car j'ai peu connu de nature aussi inflammable, que ma réflexion basée sur le caractère féminin, qui en amour ne connaît ni distance ni obstacle, ne s'appuyait sur aucun fait spécial.

Nous rentrâmes à Pondichéry, et il n'en fut plus question.

Le soir même, ainsi que je m'y attendais, un des musiciens de la pagode de Villenoor était chargé par la bayadère d'apporter un message verbal à mon jeune ami.

8

Les musiciens du temple sont les entremetteurs nés des belles prêtresses de Kama.

Ce message consistait en une simple feuille de bétel, écornée par la pointe, qui signifiait : « Ayez confiance. »

Le jeune homme, qui ne parlait pas tamoul, m'avait prié de lui servir d'interprète, et voici, dépouillée de toutes circonlocutions, la conversation qui s'engagea à ce propos entre le gandharba et moi :

— Qui t'envoie ? fis-je au musicien, qui attendait, suivant l'étiquette de la politesse indoue, que je l'engageasse à parler.

— Salam, doré (bonjour, seigneur), me répondit-il, que les dieux protègent tes jours et tes nuits, et qu'à l'heure de la transformation dernière, tes yeux se ferment au milieu des fils de tes fils. — C'est la bayadère Nourvady qui m'envoie. Va, m'a-t-elle dit, porte au jeune Franguy de la grande rue de Bahour, cette feuille de bétel et parle-lui sans crainte.

— Le jeune Franguy de la grande rue de Bahour, répondis-je pour parler le langage de mon interlocuteur, ne comprend pas la belle langue de la côte de Coromandel, parle et je lui traduirai ta pensée.

— Nourvady a vu le beau Franguy et aussitôt elle a senti que le puissant Kama lui perçait le cœur de mille flèches. Le Franguy a-t-il remarqué Nourvady ?

— Mon ami le Franguy, répondis-je simplement, a remarqué la belle Nourvady et aussitôt il a senti que le puissant Kama lui perçait le cœur de mille flèches.

— C'est bien ! vers la unième heure du matin, lorsque Ma (la lune) s'inclinant vers l'Est aura disparu dans les flots, et que les éléphants sacrés auront frappé sur les gongs sonores les coups qui partagent la nuit, Nourvady viendra rendre au jeune Franguy les aiguilles d'or que ses regards ont lancé dans son sein.

— Quand cela ?

— Cette nuit même.

Cette rapidité du dénouement ne m'étonna pas, les femmes de l'Inde sont sur ce point plus femmes encore que toutes celles des autres pays, le caprice n'est pas formé qu'il doit être satisfait.

— C'est bien, gandharba, répondis-je avec le même cérémonial de gestes et de paroles, lorsque Ma s'inclinant vers l'Est aura disparu dans les flots, et que les éléphants sacrés auront frappé sur les gongs sonores les coups qui partagent la nuit, le jeune Franguy attendra la belle Nourvady, et il lui rendra la flèche d'amour dont son cœur a été percé par elle.

— Le jeune Franguy connaît les précautions d'usage ?

— Il les connaît et s'y conformera.

— Salam, doré.

— Salam, gandharba.

Et l'Indou, tournant les talons, partit en courant dans la direction de Villenoor.

— Que voulait cet homme ? me dit alors mon ami intrigué au plus haut point par cette conversation à laquelle il n'avait pas compris un seul mot.

— Il est venu vous annoncer que le hasard dont je vous parlais, il n'y a qu'un instant, viendra ce soir sous les traits de la belle bayadère qui a fait à Villenoor une si profonde impression sur votre cœur, apaiser l'incendie qu'elle a allumé.

Rien ne saurait dépeindre l'ébahissement du jeune homme, il n'osait se livrer à la joie que cette nouvelle imprévue lui causait, car dans le premier moment, il ne put s'empêcher de croire à une mystification.

Je dus prendre les formes les plus solennelles pour le convaincre, et quand il vit bien qu'il n'était pas le jouet d'une plaisanterie, il ne se gêna plus pour donner libre cours à ses sentiments.

Je dus lui répéter mot par mot ma conversation avec le musicien, et lui affirmer vingt fois qu'aucun Indou ne se serait permis cette démarche si la bayadère ne l'en avait réellement chargé.

Puis, pour rassurer ses sentiments d'étranger peu au fait des choses de l'Inde, et que la rapidité de l'aventure étonnait un peu, je dus lui expliquer, ce qui était vrai, que la femme indoue, dominée par un caprice de cette nature, n'a pas la possibilité de recevoir les soins et les assiduités de l'étranger qu'elle a distingué ; la moindre imprudence peut coûter la vie à son amant et à elle-même, car les Indous, très tolérants pour tout ce qui est caché, deviennent intraitables pour toute faute publique... Et, dès lors, dans l'impossibilité où elle se trouve de conduire graduellement son intrigue, de ne succomber que quand elle s'est fait désirer, et avec un art infini de nuances, elle est obligée d'aller droit à la satisfaction de sa passion, sans passer par une transition sentimentale; plus elle agira vite, plus elle brusquera le dénouement, et plus elle aura de chance que son escapade reste ignorée ou plutôt impunie. Peu importe, en effet, qu'on la connaisse après, dans ce combat de ruses et d'amour, la seule chose à laquelle elle doive veiller, c'est de n'être pas prise les armes à la main.

A l'heure indiquée, Nourvady arrivait en palanquin et pénétrait chez le jeune Franguy

(Français), comme elle l'appelait, dans un costume qui la rendait méconnaissable, elle disparaissait littéralement sous des flots de soie et de mousseline. Le gandharba l'accompagnait, mais il resta à la porte. Après avoir reçu leur salaire, les porteurs du palanquin s'éloignèrent avec leur véhicule. Tous les domestiques indigènes, précaution vulgaire en cette circonstance, avaient été éloignés. A tout hasard je leur avais fait donner congé par leur maître pour quatre jours.

A mon sens la bayadère ne devait pas rester plus de trois jours chez mon jeune ami, il y avait à cela une foule de raisons.

J'avais d'abord pour me guider mon expérience personnelle, car j'avais déjà été témoin de trois ou quatre aventures semblables, et les charmantes femmes qu'un caprice avait poussées dans les bras d'un Européen, qu'elles fussent bayadères ou femmes des castes supérieures, malgré toutes les supplications pour leur faire prolonger leur séjour, n'avaient jamais consenti à dépasser le délai de trois jours.

Ce laps de temps représente, en effet, la période ordinaire de durée d'une neuvaine simple dans un temple, et la femme de caste qui veut se procurer trois jours de liberté entière, en trouve facilement le moyen dans le respect superstitieux qui entoure toutes les choses de la religion.

Les songes ont un empire extraordinaire sur l'imagination des Indous. La femme, en se réveillant un beau matin, n'a qu'à dire à son mari : « Cette nuit j'ai vu passer dans mes rêves l'oiseau chéri de Covinda, et une voix a murmuré à mon oreille : — La nuit prochaine, quand les éléphants sacrés auront frappé deux heures sur les gongs de la pagode, lève-toi et pars seule avec une suivante, va droit devant toi et arrête-toi pendant trois jours et trois nuits dans la première pagode dédiée à Vischnou que tu rencontreras... Souviens-toi que si tu n'obéis pas, de grands malheurs menacent ta famille. »

La nuit suivante, c'est le *bon* mari lui-même qui gourmande sa femme pour qu'elle quitte la maison, juste à l'heure indiquée par les dieux.

Inutile de dire que la suivante, depuis longtemps gagnée, s'est déjà entremise entre sa maîtresse et le bel étranger qu'elles vont voir, et qu'au retour, elle jurera ses grands dieux qu'elles sont restées en prières pendant le temps prescrit dans telle ou telle pagode.

Elle a soin d'indiquer un des temples célèbres du voisinage, contenant toujours quelques centaines de fidèles en train de faire sérieusement des neuvaines. Comme l'usage veut qu'aussi bien dans les temples que dans leurs expéditions amoureuses, les femmes soient littéralement enfouies dans la mousseline, nul ne peut les reconnaître ni témoigner contre elles.

Une fois dehors de sa maison, par ce procédé, la femme indoue est libre d'aller où bon lui semble et de faire ce qui lui plaira.

Ce genre d'escapade est plus fréquent qu'on ne croit, eh bien, je n'ai jamais entendu dire qu'une femme ait été prise en flagrant délit par son mari ou ses parents ; le préjugé religieux est plus fort que tout, même que le soupçon, même que la *certitude*... Jamais un mari indou n'osera ni suivre, ni faire suivre sa femme qui, sur l'ordre du ciel, part pour faire une neuvaine. Si, par malheur, ses soupçons n'étaient pas fondés, il s'exposerait au châtiment le plus terrible pour avoir douté de sa femme et de la parole des dieux.

Il est clair que c'est l'adresse et l'astuce féminines qui sont parvenues à fourrer cela dans la tête des maris... Tant il est vrai qu'il n'y a ni craintes, ni portes, ni verrous, ni eunuques noirs le sabre au poing, qui puissent retenir une femme qui aime... ou même simplement qui veut satisfaire un caprice.

Ces sortes d'aventures n'arrivent à l'Européen qu'avec les femmes des castes élevées... non que les autres ne soient pas un morceau aussi délicat (j'ai vu des femmes de basses castes et même des pariahs qui eussent fait pâlir la Vénus de Canova), ou qu'elles éprouvent plus rarement un sentiment tendre pour un étranger... mais elles n'ont pas besoin de s'entourer de tout ce mystère; chaque soir, par les nuits sans lune, elles peuvent toujours s'échapper pendant une heure ou deux, pour aller attendre dans le bosquet voisin l'amant auquel elles ont donné rendez-vous.

Maintenant, je ne saurais trop insister sur ce point, que la jalousie de l'Indou est surtout excitée par le bruit qui se fait autour d'une faute publique et le ridicule qui rejaillit sur lui, et dans le cas d'une femme ayant un amant, mais se conduisant d'une façon si discrète que personne ne s'en est jamais aperçu, et celui d'une femme vertueuse, mais qui prête aux malins propos par une certaine légèreté de paroles et d'allures, il ne fait pas doute pour moi, qu'ayant à choisir, il ne préfère la première de ces situations.

La bayadère n'a pas besoin, elle, de tous ces subterfuges; comme rien ne s'oppose à ce qu'elle donne son cœur à un homme de sa race, quand son service est fini dans la pagode, elle peut faire ce que bon lui semble de ses nuits; elle sort et rentre quand cela lui plaît, et ne doit s'appliquer qu'à une seule chose, éviter tout ce qui pourrait prouver qu'elle s'est rendue chez un Européen, car la chose, rendue publique, la ferait chasser du temple et perdre son titre de bayadère; sur ce point elle risque peu de chose, car il y a alliance tacite entre toutes les bayadères pour protéger la liberté de leurs amours, bien qu'elles ne s'avouent jamais leurs faiblesses pour les belatti.

Elle ne risque pas d'être vendue par le musicien qu'elle emploie, c'est le métier du brave homme de servir d'entremetteur; chaque bayadère a le sien, et je dois dire qu'il est le premier à désirer que la jeune fille qui l'emploie l'envoie chez un étranger, car la femme indoue refusant impitoyablement tout cadeau, c'est lui qui reçoit la pluie bienfaisante d'or et d'argent que la reconnaissance de l'Européen ne manque pas de faire tomber. Le désintéressement absolu de sa jeune maîtresse pousse naturellement ce dernier à récompenser royalement le musicien qui a été pour lui le messager du bonheur. Aussi les musiciens des pagodes amassent-ils tous d'*honnêtes* petites fortunes pour leurs vieux jours, tandis que les bayadères, qui ont partagé leur vie entre la danse, les fleurs et l'amour, chassées de la pagode dès que leur beauté commence à se flétrir, sont réduites pour vivre à vendre au bazar des fruits, du bétel, du tabac ou des fleurs; il en est qui se font *professeurs d'amour*, une science dont les Indous ont poussé fort loin les recherches...

Nourvady donna selon l'usage trois jours et trois nuits à son amant, et quand je revis ce dernier, je compris que la brune fille avait bien fait de résister à toutes les prières que mon jeune ami lui avait adressées pour lui faire prolonger son séjour... il ressemblait à ces voyageurs qui, après une ascension de plusieurs heures, arrivent au sommet d'une côte escarpée, sans force et sans voix.

La jeune bayadère ne revint plus.

Toute l'influence du gandharba, gagné par les présents de mon ami, ne put adoucir une seconde fois la sauvage fille des pagodes; ce n'est pas qu'elle avait été mécontente de son aventure, car elle s'était arrachée des bras de son amant tout en larmes et en lui jurant de ne jamais l'oublier... mais autant en avaient emporté le vent et sa pensée vagabonde.

Un caprice l'avait amenée ici.

Un autre caprice l'avait poussée ailleurs.

Cependant, tant que mon ami resta à Pondichéry, elle n'oublia jamais de lui envoyer un bouquet d'amatlées pour l'anniversaire de leurs passagères amours.

Ces trois jours d'étreintes amoureuses et de

folles excitations avaient développé chez mon pauvre ami la passion la plus insensée, il en souffrit pendant de longs mois, et aujourd'hui encore, quand les hasards de l'existence vagabonde que nous menons tous deux nous font nous rencontrer sur quelque point du globe, je ne puis jamais lui parler de Nourvady sans qu'un sourire plein de souvenirs émus ne vienne effleurer ses lèvres...

C'est là ce que je reprocherais à ces délicates et charmantes femmes de l'Indoustan, qui vous abordent l'œil ardent et la lèvre humide: après les premiers feux, la passion diminue et la flamme semble s'éteindre chez elles au moment où elle brille chez nous de l'éclat le plus vif. Imagination et sens toujours inassouvis... voilà la femme indoue, elle ressemble aux abeilles qui, pour composer leur miel, vagabondent sur mille fleurs; l'amour, pour elle, est un composé dont elle cherche partout la formule; elle analyse toujours, sans jamais rencontrer l'homme qui sera la synthèse de ses rêves... et de ses appétits.

Elle vous rencontre un beau jour... Un caprice vous la donne, en cinq minutes elle n'a rien de caché pour vous, elle se livre dans toute sa splendide nudité, avec l'emportement d'une vieille maîtresse, elle vous jette tout ce qu'elle a à pleines mains, et vous arrache tout ce qu'elle peut; puis lassée, mais non calmée, elle se replonge dans son bain de mousseline, secoue son pied sur le seuil de votre demeure, vous donne un dernier baiser qu'on n'oubliera plus, et s'esquive protégée par la nuit... Un caprice vous l'a donnée... Une fortune ne vous la rendrait pas!

J'ai connu un jeune officier de cipayes qui est mort d'amour pour une de ces sylphides insaisissables qui était tombée chez lui un beau soir, couverte de perles et de diamants. C'était une de ces rares beautés comme en produisent seuls les pays du soleil.

— Je t'ai vu ce matin dans ton costume couvert d'or, que tu étais beau le sabre à la main!... J'ai senti battre mon cœur, je t'ai aimé de suite, comme on aime une fleur qu'on aperçoit tout à coup au détour d'un chemin... et me voici.

Quel rêve!

Et sans fausse honte la jeune femme avait laissé tomber sur ses pieds d'enfant le long pagne de soie qui la voilait.

A ses chevilles et à ses poignets s'enroulaient d'énormes torsades d'or tout incrustées de diamants énormes, une fortune en rubis pendait à chacune de ses oreilles, et ses cheveux étaient tressés avec des perles comme les pêcheries de Ceylan n'en voient pas tous les dix ans... à son cou était le tali d'or du mariage. Elle ne lui donna que deux jours, et non seulement le jeune officier ne la revit plus, mais il ne put jamais savoir qui elle était.

Une bague qu'elle lui laissa en souvenir fut estimée soixante mille francs par le scharaff du Trésor.

On ne se douterait pas de ce qu'il fit pour la retrouver; il voulait la revoir, un amour insensé s'était développé dans son cœur, il sentait que sa vie était attachée à cette chimérique poursuite. Et puis, le Français et l'officier se révoltaient, à la pensée du somptueux cadeau qu'il avait accepté, croyant à une verroterie, et qu'il voulait rendre à tout prix depuis qu'il savait que c'était un diamant.

Un jour, il eut une lueur d'espoir.

Une femme voilée comme une musulmane lui dit en passant près de lui dans la rue :

— Que le Franguys éloigne tous ses domestiques et ne sorte pas de sa maison ce soir.

C'était ainsi que la belle apparition s'était déjà fait annoncer !

Sur les onze heures, un pas léger se fit entendre, l'officier se précipite... Quel ne fut pa son désappointement en reconnaissant la sui vante de sa belle maîtresse.

— Ama (madame) est au courant de toutse

tes démarches, il est inutile de chercher à la retrouver, tu ne la reverras jamais, lui dit l'aya (femme de chambre); si son mari se doutait qu'elle t'a connu, il la ferait murer vivante dans une des niches de son palais, je viens donc te demander ta parole de renoncer à toute poursuite.

— Je te la donne, répondit l'officier avec effort, mais dis bien à ta maîtresse que je meurs d'amour pour elle.

— Il faut vivre, Ama aussi vous aime, mais elle ne peut plus vous revoir..

— Tiens, remets-lui cette bague qu'elle a laissée ici...

— Elle ne l'a pas laissée, elle te l'a donnée.

— Quand je l'ai acceptée, j'en ignorais la valeur.

— Ama m'a dit de te prier de la porter pour conserver quelque chose d'elle, car toi tu lui as laissé quelque chose de plus précieux encore.

— Moi !... je ne te comprends pas.

— Ama est mère d'un fils depuis huit jours.

— Que m'apprends-tu là ?

— C'est pour t'annoncer cette nouvelle que je suis venue te trouver... et ce fils est bien à toi... le rajah était retenu à la cour du vice-roi de Calcutta depuis plus de deux mois, quand Ama est venue dormir sous ton toit.

Un fils... le rajah... c'était donc une princesse indoue qu'un caprice avait jetée dans ses bras... et ce fugitif baiser d'amour avait été fécond.

— Comme je voudrais voir cet enfant! murmura le jeune homme, qui se sentait sur le point de défaillir sous le coup de ces révélations.

Mais l'aya avait disparu laissant cette demande sans réponse...

L'officier n'entendit plus parler de rien.

Deux ans après il était emporté par une maladie de foie, disait la faculté, par l'amour et le chagrin, affirmèrent ses intimes amis.

Malgré tout ce qu'on avait pu faire il avait refusé tout congé de santé pour venir se rétablir en France; il avait voulu mourir dans l'Inde avec sa douleur et son espérance, car jusqu'à son lit de mort il avait cru à un miracle impossible. — Se savoir un enfant quelque part, et adorer la mère, sans pouvoir les presser dans ses bras tous les deux, voilà ce qui me tue, me disait-il quelques jours avant sa fin.

Le matin du jour où nous devions le conduire à sa dernière demeure, sur son cercueil exposé devant sa maison, selon la coutume, un Indou vint déposer une immense couronne de jasmin, de lotus bleus et de lys, et se perdit au milieu de la foule.

Nul n'y fit grande attention, car le catafalque

disparaissait déjà sous les fleurs, mais moi je compris; c'était le dernier épisode du roman d'amour, commencé deux ans auparavant par une belle nuit sans lune, sur les bords du Gange.

. . . .

Dans l'Inde entière le musulman est tailleur, brodeur, couturier et modiste, et ce n'est pas un des moindres étonnements de l'étranger qui débarque pour la première fois, soit sur la côte de Coromandel, soit sur la côte malabare, que de voir toutes les professions faciles, tous les arts de goût et de délicatesse exercés en Europe par les femmes, l'être dans l'Inde par des hommes, et principalement par les musulmans. Les rues de Benarès offrent plus que toute autre ville encore, excepté celles du Cachemyr, le spectacle de ces mœurs curieuses.

A chaque pas, on rencontre des boutiques ouvertes à tous les vents, dans lesquelles des hommes sont occupés à ourler des foulards, à broder des mousselines, des manchettes, des cols, des devants de chemises. Une de leurs occupations les plus lucratives consiste à raccommoder les châles de Cachemyr, et à en refaire les parties usées avec une telle habileté que l'on peut vendre de vieux châles ainsi restaurés pour des neufs, sans qu'il soit possible à l'œil le plus sévère d'y rien connaître, ce n'est que quand ils tombent en pièces quelque temps après qu'on s'aperçoit de la fraude. Benarès était autrefois célèbre pour ses fabriques, les Anglais y ont mis bon ordre au profit de Manchester et de Liverpool. On y fait encore des étoffes de soie rayées qui sont très recherchées, des gazes merveilleuses et des *kincobs*, sortes de tissus et de brocarts d'or et d'argent; ils se vendent au poids de l'or, la soie dont ils sont mélangés paye la main-d'œuvre.

Les turbans de Benarès sont d'une rare magnificence, plusieurs sont faits en écharpes, tissés d'or et d'argent, dont les extrémités sont richement brodées; d'autres sont en velours fait à l'aiguille avec tant de finesse qu'ils ressemblent à une constellation de diamants. Benarès, qui renferme bien d'autres produits indigènes, est un des plus riches entrepôts du Levant.

On y apporte de toutes les parties de l'Asie des diamants, des perles et autres pierres précieuses, ainsi que de grandes quantités de châles, de soieries, de parfums, de plantes tinctoriales, de gommes et d'épices.

Ce n'est guère qu'en cette ville que l'on peut encore se procurer quelques-uns de ces tissus de Dacca, dont une pièce entière peut passer dans une bague. Le tissu en est si mince et si transparent qu'il n'est visible que quand il est replié plusieurs fois sur lui-même; les femmes de distinction aiment à s'en parer dans l'intérieur des gynécées. Dans le poétique langage des Bengalis, cette merveilleuse étoffe se nomme *rosée de la nuit.*

On raconte qu'un des anciens rajahs de Benarès, étant un jour entré inopinément dans son harem, demanda à ses femmes si, quand elles se rendaient au bain, elles étaient dans un état complet de nudité?... Il lui fut répondu qu'elles étaient vêtues *de rosée de la nuit.* Et de fait, ajoute le mémorialiste, elles étaient enveloppées chacune dans plusieurs centaines d'aunes de mousseline de Dacca.

Cette étoffe est d'un tel prix, — une pièce de cent aunes vaut environ un demi-lac de roupies, soit *cent vingt-cinq mille francs*, — que je ne crois pas qu'une seule pièce soit jamais parvenue en Europe.

C'est dans Benarès qu'a eu lieu le dernier Dhourna contre une ordonnance du gouverneur général de Calcutta. Le fanatisme d'une ville entière fut plus puissant qu'une armée et l'édit fut rapporté.

Le Dhourna est une des plus vieilles coutumes de l'Inde, et ce moyen d'action qui suppléait à l'impuissance du faible était autrefois fort en honneur. Voici en quoi il consiste. Lorsqu'un créancier ne peut rien obtenir d'un débiteur riche et influent, ou qu'un pauvre diable, quel qu'il soit, se voit opprimé, persécuté, et qu'il a tout épuisé pour parvenir au redressement de ses griefs, il lui reste le Dhourna.

Pour l'accomplir, il se couvre la tête de cendres, revêt des habits de deuil, se rend sur la principale place de la ville en criant : *j'exerce le Dournha contre un tel.*

A partir de ce moment, il ne doit ni boire, ni manger, ni dormir jusqu'à ce qu'il ait obtenu justice.

Si son adversaire le laisse mourir en cet état, la foule fait à la victime de magnifiques funérailles et se charge elle-même de sa vengeance.

L'ennemi du mort est mis par le peuple hors la loi, on lui refuse l'eau, le riz et le feu, nul ne veut plus communiquer avec lui, il est retranché de la société et le tuer est un acte méritoire dans la pensée populaire,qui fera franchir à celui qui aura débarrassé la terre de cet être impur plusieurs des transformations supérieures, que l'âme est obligée de parcourir avant de parvenir au séjour céleste.

L'empire de cette coutume est tel que tout homme contre qui le Dhourna est exercé doit céder, car la mort de celui qu'il a persécuté est infailliblement le signal de la sienne ; il aura beau quitter le pays, s'entourer de gardes vigilants, tôt ou tard on le trouvera étendu dans sa maison, dans son palais, ou sur les bords d'un chemin, avec un poignard dans le cœur.

Or, il y a quelques années, le gouverneur général de Calcutta, dans un intérêt de salubrité, rendit un arrêté qui obligeait les musulmans à tuer les vaches et bœufs dont ils se nourrissent sur les bords du Gange, afin que les dépouilles intérieures et le sang fussent immédiatement emportés par les eaux du fleuve.

Aussitôt, grand émoi dans tout Benarès, permettra-t-on aux infidèles de souiller ainsi le fleuve sacré... Si un pareil fait est permis, Benarès, perpétuellement impure, ne sera plus la ville sainte... On s'adresse humblement au gouverneur général pour le prier de rapporter son ordonnance.

Sa Vice-Majesté britannique ne daigne même pas répondre.

Aussitôt des groupes se forment de toutes parts, on s'entend, et une députation est envoyée à Calcutta... Elle revient sans avoir rien pu obtenir.

Alors la population entière menace le gouverneur d'exercer le Dhourna contre lui.

Ce dernier ne fit qu'en rire, mais master John fut vite contraint de refréner sa gaieté.

Un beau matin, toute la population de Benarès (plus de cinq cent mille âmes) descend dans la rue en habits de deuil, et chacun s'asseoït sur les places, devant sa propre demeure, en s'écriant :

— J'exerce le Dhourna contre le gouverneur de Calcutta et les musulmans tueurs de vaches.

Au même instant toutes les affaires s'arrêtent, les boutiques se ferment, les voyageurs et surtout les colporteurs musulmans s'échappent en toute hâte de la ville... et au bout de vingt-quatre heures, pas un homme, une femme ou un enfant n'avait cédé dans cette immense ville, nul n'avait ni mangé, ni bu, ni dormi. Benarès entier se vouait à la mort pour obtenir justice.

Effrayé par cette manifestation, le gouverneur particulier de la ville prit sur lui de rapporter l'arrêté, quitte à en référer à son chef.

L'orgueilleux vice-roi brisa son subordonné pour cet acte intelligent qui avait mis fin à une situation grosse de troubles, mais cette satisfaction donnée à son amour-propre, il ne fut plus question de rétablir une ordonnance de tout point inexécutable.

Le même moyen employé pour le retrait d'une taxe odieuse réussit de même à Agra.

Il y a dans le Bengale une autre coutume qui

se rapproche de celle-ci, mais qui est encore plus énergique dans son mode d'action.

La caste des coureurs, porteurs de palanquins, commissionnaires, est exclusivement chargée dans l'Inde de transporter les valeurs d'or, d'argent, de pierreries, d'une province à l'autre.

On rencontre souvent un de ces bohis à cent lieues de tout centre habité, traversant les jungles, les forêts, les marécages avec un précieux fardeau. Son isolement doit tenter les voleurs... et cependant le larcin d'un objet confié à un bohis est tellement rare, que c'est à peine si on peut en citer un ou deux exemples par siècle.

Cet homme, chétif la plupart du temps, a pour protéger sa faiblesse une arme terrible, le *traga*.

Un bohis arrêté et volé ne pourrait rentrer dans sa caste, ni dans sa famille; il est déshonoré, car il a fait le serment d'usage : « Je rendrai à destination cet objet, ou je serai mort. »

Plutôt donc que d'abandonner son dépôt, le malheureux se tue sous les yeux des ravisseurs avec un long poignard appelé *traga*.

Mais cet acte soulève immédiatement dans l'Inde entière tous les gens de la caste à laquelle appartenait la victime, et toute affaire cessante, leur traga à la main, ils se mettent à la poursuite des voleurs et les massacrent jusqu'au dernier, eux, leurs parents et leurs alliés, c'est une extermination complète.

Le crime ne reste jamais impuni, car la province où a succombé le commissionnaire est littéralement cernée par des milliers d'individus qui apportent dans leurs recherches un acharnement que doublent les préjugés religieux et l'honneur de la caste; il est en effet de croyance commune que tant que le suicide d'un des leurs n'est pas vengé sur ceux qui l'ont réduit à cette extrémité, aucun des membres de la caste qui vient à mourir ne parvient au séjour céleste.

De semblables faits ont souvent occasionné de terribles représailles, des villages entiers, accusés de complicité dans le meurtre d'un bohis, ont été détruits, sans qu'il ait été fait grâce à un enfant.

Aussi, on peut confier le plus précieux et le plus important dépôt à un bohis de l'Inde, on peut être sûr qu'il le rendra fidèlement à destination.

Aux environs de Benarès le monument original de Sarnat mérite certainement une mention, il n'est pas situé à plus de quatre milles de cette ville.

Je m'y rendis donc un matin avec mon fidèle serviteur Amoudou, dont je ne pouvais me

Tous les voyageurs contempleront le monument de Sarnat avec une légitime curiosité. (Page 156.)

passer même pour la plus petite excursion, car l'Européen ne peut dans l'Inde vaquer aux soins de sa nourriture.

Tous les voyageurs contempleront le monument de Sarnat avec un légitime sentiment de curiosité. Il se compose d'une tour ayant environ cent cinquante pieds de circonférence, et ses ruines s'élèvent à plus de cent pieds de hauteur; elle est d'une grande solidité, sa partie basse est garnie de larges blocs de pierre joints avec art, bien polis et ornés vers la base d'une large ceinture couverte de fleurs sculptées.

On pense que la partie supérieure a été bâtie à une époque plus récente, elle est construite en briques, et le plaquis de pierre dont on pense qu'elle était revêtue, a disparu depuis longtemps, sans rien laisser qui pût donner la moindre idée des constructions du sommet.

On suppose cependant qu'il devait être pyramidal, comme tous les monuments de l'Inde ancienne, qui tous affectent la forme d'une mitre.

Les temples bouddhistes, et tout porte à croire que Sarnat en est un, étaient plutôt des tombeaux destinés à perpétuer le souvenir de leurs morts de distinction que des lieux consacrés à la divinité.

On sait qu'en général les bouddhistes n'accordent à leur divinité qu'une médiocre influence sur la marche générale des choses. La pure essence, type de tous les bouddahs, ne se mêlant nullement des affaires de ce monde.

Les bouddhistes, dont le dieu s'intéresse fort peu aux bonnes et aux mauvaises actions de ses disciples, qui sont récompensés et punis en ce monde, la prospérité étant la conséquence de la vertu et l'adversité celle du vice, croient qu'un haut degré de sainteté, des actes extraordinaires de dévouement, assurent aux dévots qui s'acquittent de devoirs semblables le pouvoir de faire des miracles, et après leur mort une parcelle des attributs divins.

C'est à ces saints, à ces prophètes que les bouddhistes adressent leurs vœux et leurs hommages, et ces tours, que les siècles ne sont pas encore parvenus à renverser complètement dans la poussière, étaient si bien des monuments funéraires où on conservait les reliques de ces personnages, que la légende enferme toujours dans ces sortes de constructions une dent, un pied, une main ou des cheveux de quelque Bouddah.

Les ruines d'un vaste édifice s'aperçoivent à une distance d'environ deux cents mètres de cette tour, et il paraît que ce devait être un établissement de prêtres brahmes, car non loin de là se trouve une pagode dédiée à Siva que l'on considère à Benarès comme étant le plus sacré de tous les temples de la contrée.

Des briques trouvées en grande quantité dans des fouilles ne laissent aucun doute sur l'origine bouddhiste du monument de Sarnat. En effet, sur tous ces carrés de terre cuite se trouvait imprimée en creux l'effigie de Bouddah que chacun connaît, représentant le dieu assis, dans un calme complet et les mains jointes sur les genoux...

Dans presque toute l'Asie on trouve des ruines de semblables tours, qui témoignent, en leur supposant, ce qui paraît logique, la même origine, de l'extraordinaire diffusion qu'eurent les doctrines bouddhistes dans le monde ancien.

Et de fait, la primitive religion de Bouddha n'admettant qu'un seul dieu, repoussant le principe des castes et de l'inégalité humaine, accordant à chacun selon son mérite et ses œuvres, et finissant par faire absorber le sage dans le sein même de la pure essence où il est appelé à jouir d'un bonheur parfait, fut un véritable progrès sur la croyance brahmanique, et dut attirer à elle tout un monde de déshérités, de pariahs et d'esclaves, victimes de l'égoïsme de la vieille société indoue.

Qu'on ne s'y trompe pas, toutes les réformes de l'antiquité ne se sont accomplies sous le couvert religieux que parce que cela était une nécessité de temps, mais à chaque mouvement religieux on se trouve en présence d'une véritable révolution sociale.

Dans le monde brahmanique, Bouddha est venu affranchir l'esclave, et proclamer l'indépendance individuelle, c'est à lui qu'appartient surtout cette maxime :

« A chacun selon ses œuvres. »

Après avoir éteint cette révolution dans le sang, les Brahmes, en gens habiles, ouvrirent leur Olympe à Bouddah et en firent une incarnation de Vischnou. Aujourd'hui dans l'Inde entière on ne trouverait pas un seul bouddhiste... C'est ainsi que dans l'étude des vieilles ruines, enseignement éloquent du passé, s'écoula rapidement le temps que je passai dans l'antique Kasi. Rien ne porte au rêve et à la mélancolie comme la solitude qui règne autour de ces édifices où s'agitaient autrefois des milliers de fidèles, où des prêtres officiaient avec toutes les pompes de ce culte asiatique, dont aucune solennité européenne ne peut donner une idée, et qui maintenant servent d'asile aux chacals et aux hyènes, que l'on voit sortir par troupeaux de ces lieux désolés à la chute du jour...

En regagnant Benarès, nous fûmes croisés par un groupe de cavaliers de la garde Sikhe, manœuvrant avec un ensemble réellement remarquable. On dirait, à les voir caracoler avec fierté sur leurs chevaux pleins de grâce et de feu, qu'il reste encore à l'Inde quelque chose de son ancienne splendeur; hélas! il en est de ce prestige militaire comme de ces splendides morceaux d'architecture admirablement conservés au dehors et dont l'intérieur offre l'image du plus affreux délabrement. Un régiment de cipayes ne tiendrait pas contre une compagnie de soldats européens. Les Anglais voudraient bien nous faire prendre au sérieux leur armée indigène, ce n'est qu'un rideau de carton peint, et ce ne sont pas ces soldats-là qu'elle opposera aux Russes le jour où ces derniers viendront par les plaines de l'Afghanistan lui offrir le combat pour la possession de l'Inde.

Elle mettra toute son armée européenne en première ligne, et le sort de l'Indoustan se décidera en une ou deux batailles. Si les Anglais sont vaincus, ils n'auront qu'à quitter le pays au plus tôt, car ils n'auront rien à attendre de leurs troupes indigènes, qui, inutiles dans la bataille, en cas de défaite de leurs maîtres se tourneront immédiatement du côté des envahisseurs et massacreront sans pitié ceux à qui ils obéissaient la veille.

En dehors de ce fait, que le caractère oriental est changeant, et que l'Inde assouplie à la servitude depuis des siècles sera la proie de la première nation européenne qui anéantira l'armée anglaise dans une grande bataille, il en est un autre qui a bien son importance, c'est que l'Angleterre, exécrée du cap Comorin aux plaines de l'Hymalaya et aux rives de l'Indus, ne trouvera pas au jour du danger un indigène pour lui tendre la main.

Aussi !... si j'avais le périlleux honneur de diriger la politique russe, c'est par l'Inde que j'irais à Constantinople.

En rentrant à Benarès j'ordonnai à Amoudou de procéder aux préparatifs du départ, il me tardait d'aller planter ma tente dans les sauvages régions où le Gadavery prend sa source, près de ces ruines d'Ellora, dont rien dans la nuit du passé n'a pu encore nous dire la mystérieuse origine.

DEUXIÈME PARTIE

BENARÈS. — LES FEMMES DU BENGALE

DEUXIÈME PARTIE

BENARÈS.

Causes de l'insurrection de 1857. — Horribles massacres. — Ce que c'est que la vengeance anglaise. — Les femmes du Bengale. — Une visite au harem du Peichwa. — Départ pour Arungabad.

Ce qui m'a frappé le plus à Benarès, cet ancien sanctuaire des plus pures croyances brahmaniques, a été de voir à quel point l'influence musulmane était arrivée à réagir par certains côtés sur les mœurs et les coutumes des Indous, qui sont bien le peuple le plus réfractaire à toute infiltration d'idée étrangère.

Pour tout ce qui touche aux questions religieuses, la ligne de démarcation entre Indous et musulmans, est il est vrai aussi marquée qu'aux premiers jours. Les deux races repousseraient avec horreur tout mélange par mariage, leurs membres ne consentiraient également ni à se vêtir des mêmes étoffes, ni à accepter des mets préparés en commun, ni à manger ensemble, ils continueront pendant des siècles encore à se refuser les uns aux autres l'entrée de leurs maisons. Sur toutes les questions de castes, la fusion n'a pas fait un pas, et cependant la coutume purement mogole qui consiste à enfermer les femmes dans les gynécées a été adoptée par toutes les classes élevées de la population indoue, non-seulement à Benarès, mais dans tout le Bengale, l'Agra et le Pundjaab.

Aussi une grande partie des maisons de Benarès ressemblent-elles à des forteresses, tellement on a supprimé avec un soin jaloux tout ce qui pourrait permettre aux femmes d'être vues de la rue et de voir elles-mêmes au dehors. Avec les murs élevés, les tours et les cours intérieures de ces constructions encastrées dans ces édifices, les pauvres esclaves de la jalousie du maître n'aperçoivent guère de la naissance à la mort, qu'un peu de ciel bleu au-dessus de leur tête.

Rarement on leur permet de monter au sommet des terrasses, et quand cela arrive ce n'est jamais qu'après le coucher du soleil, lorsque les chaudes journées de l'été exigent qu'on leur fasse respirer pendant quelques instants l'air pur du soir.

On ne saurait se faire une idée de l'ignorance

dans laquelle sont tenues ces charmantes créatures qui ne connaissent les différents objets nécessaires à leur existence que sous les transformations que leur fait subir le métier ou l'industrie. Je vais dans quelques instants faire assister le lecteur à une des aventures les plus étranges de ce voyage et le conduire dans le harem du Peichwa qu'un concours miraculeux de circonstances m'a permis de visiter. Il verra surtout par les conversations que j'eus avec les belles recluses dans quel état de simplicité enfantine ces dernières sont restées sur tout ce qui regarde les choses du dehors.

Un matin je mettais la dernière main à mes préparatifs de départ, lorsque mon fidèle Amoudou m'annonça la visite du Peichwa qui m'avait donné l'hospitalité. Le descendant des anciens rajahs mahrattes était un prince intelligent, avide de se renseigner sur les choses d'Europe, et qui depuis mon arrivée avait laissé passer peu de jours sans venir causer avec moi pendant quelques heures.

Je profitai de cette visite qui devait être la dernière puisque je partais le lendemain matin, pour le remercier et lui offrir quelques présents que je le priai d'accepter à titre de souvenir.

Les yeux de Ram Chondor Peichwa s'allumèrent de bonheur comme ceux d'un enfant lorsqu'entre autres objets je lui donnai un magnifique revolver système américain dont la monture était toute or et platine ; aussi dans sa joie exigea-t-il que je lui demandasse *la chose qui pouvait me faire le plus de plaisir*, jurant en retour qu'il me l'accorderait sur l'heure.

C'est la formule obligée de la politesse indoue dont on se sert pour vous répondre chaque fois que vous faites un cadeau, mais cela n'engage à rien, car il est d'usage de reconnaître cette offre en déclarant qu'on ne donne pas un présent pour être payé de retour, et qu'on n'a pas pour le moment l'esprit tracassé par l'ombre d'un désir.

La moindre admiration que vous arrache la vue d'un objet quelconque vous le fait offrir immédiatement.

— Le beau cheval!... la belle perle!... le beau diamant!... dites-vous, et votre interlocuteur de vous répondre :

— Usez-en comme d'une chose qui désormais vous appartient.

Accepter serait la preuve de la plus mauvaise éducation.

Selon la coutume je répondis au Peichwa que je n'avais besoin de rien, et que le souvenir de sa royale hospitalité suffirait à graver éternellement son image dans mon cœur. Mais il tint bon et renouvela son offre, l'accentuant davantage encore. C'était la première fois que je voyais un Indou ne pas se contenter d'une formule au delà de laquelle il n'était rien exigé de lui par l'usage.

Je crus devoir résister à mon tour.

— Merci, Peichwa, lui dis-je, tu me laisses ta pensée et cela me suffit.

Mais le Peichwa s'était mis dans la tête de m'être agréable, et il me déclara nettement qu'il refuserait mes présents si je ne le mettais pas à même de me prouver sa satisfaction.

— Quelle que soit la demande que tu m'adresses, elle est accordée, me dit-il en manière de conclusion.

— Prends garde de trop t'avancer, lui répondis je.

— Ne crains rien, fit-il avec orgueil, le Peichwa a été détrôné par les Anglais, mais il n'est pas tombé si bas que sa parole n'ait plus que la valeur de celle d'un esclave.

— Soit, je vais, puisque tu l'exiges, te faire connaître la chose que je désire le plus en ce moment, ne t'en prends qu'à toi si ma demande est impossible à satisfaire.

— Je t'écoute.

— Je voudrais visiter un harem avant de quitter Benarès.

— C'est impossible.

— Que t'avais-je dit ?

— Pourquoi aussi choisis-tu une chose que tu sais parfaitement être contraire à nos mœurs et à nos usages ?

— Parce que c'est la seule que je désire en ce moment.

Le Peichwa sembla réfléchir quelques instants, puis il me répondit simplement :

— C'est bien... tu verras un harem, mais tu seras obligé de prendre un déguisement qui ne permette de deviner ni ta nationalité ni ton sexe.

— Je ferai ce que tu voudras.

— Je pourrai te faire passer pour une marchande musulmane, mais il ne faudra pas quitter ton voile.

— L'idée n'est pas bonne, Peichwa.

— Pourquoi cela ?

— Je parle trop mal le bengali pour que l'illusion soit possible.

— Rien ne te forcera à prononcer une parole.

— Mais alors ma visite n'a plus d'attrait. Je tiens peu à voir des femmes qui n'ont jamais mis les pieds hors de la prison dorée où la jalousie du maître les enferme ; ce que je désire, c'est causer avec elles et savoir quelle idée elles se font de ce monde extérieur qu'elles n'ont jamais vu.

— Je te comprends. Eh bien, je te ferai passer pour un médecin, le *mestri* est le seul homme que nous puissions introduire dans nos gynécées, et je me souviens que plusieurs fois des docteurs anglais ont été appelés dans le palais du dernier rajah d'Aoude.

— Celui qui fut détrôné par lord Dalhousie?

— Oui, et qui est mort prisonnier des Anglais à Calcutta... Je vais préparer mes femmes à ta venue, je prendrai pour prétexte une visite à faire aux enfants, et en ayant l'air d'examiner ces derniers tu pourras causer avec les mères. Salam, je reviendrai te prendre ce soir.

Lorsque Ram-Chondor eut disparu je m'accoudai sur les bords de la terrasse, laissant mes regards errer sur le paysage plein de grandeur qui s'étendait à mes pieds. En face de moi, le Gange qui s'enroulait autour des quais de la ville, ressemblait à une vaste coulée d'or sous les rayons du soleil qui tombaient d'aplomb sur ses eaux, tandis que les maisons, les palais, les minarets de la mosquée d'Aureng-Zeb, les pagodes et les temples offraient dans l'azur éclatant du jour qui servait pour ainsi dire de fond à ce tableau, le plus magique de tous les spectacles.

Dans le lointain un régiment de cavalerie sikhe paradait sur le champ de manœuvre, au même lieu où en 1857 les Anglais s'étaient souillés par l'horrible massacre connu encore dans le pays sous le nom de *Feringhi ka dagha, le guet apens, la tache de sang des Anglais.*

Une fois de plus, parlons des horribles souvenirs qu'éveille cette date.

Cela est bon, cela est utile que la France con naisse l'Angleterre, à laquelle la plupart de nos compatriotes qui n'ont jamais quitté le coin de leur feu sont trop portés à accorder les qualités de grandeur d'âme, d'humanité et de générosité dont nos voisins font parade, pour voiler leur monstrueux égoïsme, et la barbarie de leurs actes dès qu'une caisse d'opium ou un ballot de coton anglais sont en jeu.

A chaque apparition d'un de mes livres, les journaux de la Cité ont beau m'injurier comme des cokneys ivres, je les préviens qu'ils ne m'empêcheront pas d'arracher le masque hypocrite dont se couvre leur pays ni de signaler les vols, les rapines, les honteux massacres dont se souille constamment depuis près de deux siècles cette nation d'écumeurs de mer...

La politique dont use John Bull à travers le monde est la même que celle qui a conduit Cartouche et Mandrin à l'échafaud, la seule différence consiste en ce que Cartouche et Mandrin n'ont pas été assez forts *pour faire triompher leurs idées.* J'ai souvent cité des faits isolés se rattachant à l'épouvantable boucherie de 1857 appelée la révolte des cipayes, *le guet-apens* de Benarès va me fournir l'occasion de montrer comment les Anglais s'y prennent quand ils veulent *voler* un royaume, et comment ces héros savent massacrer les vieillards, les femmes, les enfants... quand ils sont les plus forts.

Je vais donner en quelques lignes cette histoire des cipayes de l'Inde, que les Anglais cherchent aujourd'hui à défigurer, mais qui restera comme une tache de sang dont ils ne parviendront jamais à laver leurs fronts.

Vidons cette querelle une bonne fois... Je maintiens que pour ce monstrueux épisode de son histoire coloniale, l'Angleterre mériterait d'être mise à la chaîne par les gendarmes internationaux, si cette gendarmerie existait. Et sur ce point, pour qu'on ne m'accuse pas de grossir les faits à plaisir, c'est à d'irréfutables documents, dont la plupart sont anglais, que je vais demander la relation de cette sinistre épopée.

La nation anglaise est divisée en deux grands partis que l'on connaît, les wighs et les tories, les conservateurs et les libéraux; en dehors de ce fractionnement qui influe dans un sens ou dans l'autre sur la marche générale des affaires du pays, il existe un autre groupement, en deux camps opposés, celui des *saints* et celui des *politiques* qui font surtout sentir leur influence dans les affaires coloniales.

Les saints, qui se recrutent dans la bourgeoisie, les classes moyennes et le bas clergé, sont les représentants de ce puritanisme religieux qui ne veut de la liberté et du libre examen que pour lui, et dont l'intolérance ne reculera jamais devant la persécution. Les politiques, gens plus éclairés et qui comptent dans leurs rangs toute la haute noblesse, aristocratie de naissance ou d'argent, les sommités industrielles et commerciales, les gens d'université, de professions libérales, les magistrats et les têtes du clergé, n'ont qu'un but, l'extension illimitée de la puissance anglaise par tous les moyens ; pour eux la justice et la loyauté ne sont pas dus aux autres peuples et ces mots n'ont plus de sens dès qu'ils sont en contradiction avec un intérêt anglais.

Le parti des politiques ne s'arrêterait, dit M. de Warren, ancien officier de l'armée britannique aux Indes, que le jour où il aurait réalisé son ambitieuse devise :

Britannia rules the world,
L'Angleterre est la reine du monde.

Quand les *saints* sont au pouvoir, ils rêvent au moyen de convertir les Indous, distribuent beaucoup de bibles, couvrent l'Inde entière d'administrateurs, d'officiers, de généraux même, prédicants; la persécution religieuse ne tarde pas à commencer et ils se livrent bientôt à de tels excès qu'on est obligé de les rappeler et de les remplacer par leurs adversaires.

Dès que les *politiques* ont en main les rênes du gouvernement de l'Inde, ils travaillent à conquérir par tous les moyens, le canon, la confiscation, le rapt, *l'annexation* à la conquête des États indépendants encore qui entourent leurs possessions. Ce superbe mot *d'annexation*, *annexion*, a été inventé par les politiques.

« Envahir le territoire d'un ancien allié qui vous a toujours été fidèle, ce serait un crime, dit M. de Warren; dépouiller une famille qui nous a comblés de bienfaits, ce serait une infamie, ce serait blesser la morale... mais *annexer*, c'est ajouter simplement à son propre champ le champ de son voisin, pour lui éviter la peine de le cultiver. On lui en conservera les revenus à perpétuité, ou pendant quelques années seulement... mais enfin ce n'est qu'annexer. »

Voilà donc à quelle triste politique, à quelle odieuse exploitation l'Inde est tour à tour livrée.

Tantôt les prédicants hypocrites qui la volent, la pressurent au nom de Dieu avec une bible à la main; tantôt les politiciens sans pudeur, qui la volent et la pressurent à coups de canon.

Chose étrange, presque tous les officiers anglais de l'armée des Indes, depuis les commandants en chef jusqu'aux simples chefs de bataillon, et en général tous les fonctionnaires mariés qui avaient passé l'âge de quarante ans se faisaient affilier au parti des *saints*. On observait que c'était leur âge critique, les plus francs vauriens, aussitôt que cette heure fatale avait sonné, changeaient de mœurs et de langage, et plus leur vie passée avait été irrégulière, plus leur austérité devenait intolérante.

Il est un fait qu'il est utile de citer.

« Dans un meeting de la Société hibernienne pour la propagation de la Bible, le révérend Graham a déposé que le général Havelock (le héros de la guerre des Indes), bien qu'il appartînt à la secte des anabaptistes, faisait partie depuis sept ans ainsi que sa femme et sa fille de la société des *missionnaires évangéliques*. Il a raconté en outre que le général Havelock, lorsqu'il voyageait dans l'Inde comme colonel à la tête de son régiment, avait toujours avec lui une tente de Béthel (nom donné aux tentes qui servent de temple aux missionnaires prédicants) où il prêchait l'Évangile, et que chaque dimanche il arborait le drapeau de Béthel et invitait toute la population à venir entendre l'Évangile, et enfin qu'il baptisait souvent des néophytes. Comme on s'en était plaint à lord Gough alors commandant en chef, et Newlight (illuminé) non moins exalté qu'Havelock, il fit une enquête qui confirma tous les faits qu'on lui avait rapportés, et au lieu d'exprimer le moindre blâme contre un officier qui négligeait ses devoirs militaires pour la prédication, il dit à haute voix dans une réunion à un commandant qui rejoignait le corps du colonel missionnaire : « Portez mes compliments au colonel Havelock, en lui exprimant mon vif désir qu'il puisse convertir et baptiser toute l'armée. »

« Mais les Indous sont un peuple intelligent, et malheureusement, ils voyaient marcher de front la *conversion* et l'*exploitation*. On leur prêchait l'amour, la charité, la fraternité chrétienne, et ils voyaient les *politiques* continuer au nom de la reine chrétienne du Franguistan la spoliation successive de toutes les royautés indoues qui étaient encore debout. On leur donnait beaucoup de bibles qu'ils n'avaient pas grande envie de lire, mais toute la substance du pays s'en allait et la misère atteignait successivement toutes les familles. Ils firent semblant d'écouter les *saints*, subirent par force les *politiques* et continuèrent à s'envelopper d'un mystère de plus en plus impénétrable, cachant leurs mœurs, voilant leurs familles et continuant toujours leurs pratiques. « Nous restons, disait sir John Strachey, dans la plus profonde ignorance à l'égard des Indous, de leur caractère, de leurs mobiles moraux, de leur vie individuelle, de leurs habitudes domestiques; — nous ne savons ni quelles sont leurs subdivisions de castes, ni ce qu'ils pensent, ni ce qu'ils font, ils glissent comme des ombres et nous opposent une forteresse de vapeurs impénétrables. » (De Warren.)

Ajoutons à tout cela que l'Angleterre, dans son odieuse spéculation, est la cause consciente de toutes les horribles famines qui désolent régulièrement l'Inde tous les quatre ou cinq ans. D'un côté, elle refuse de faire réparer tout ce vaste système d'étangs et de canaux irrigateurs créés par les brahmes pour conserver l'eau de la saison des pluies, et arroser les champs pendant la saison sèche, et de l'autre, elle laisse ses négociants spéculer effrontément sur la misère publique et accaparer les riz dans les années de disette. Quand le riz est rare dans l'Inde, il est cher sur tous les marchés du monde et les Anglais, en commerçants habiles, l'exportent sans s'inquiéter des millions d'Indous qui meurent de faim. Pour les compatriotes de Darwin, c'est le combat de la vie, tant pis pour ceux qui succombent.

Un mot en passant sur la question des étangs d'arrosage.

Pendant neuf mois de l'année l'Inde ne voit pas tomber une seule goutte d'eau de son ciel toujours bleu, d'épouvantables sécheresses désoleraient chaque année le pays, et finiraient par le rendre inhabitable, si depuis la très haute antiquité les brahmes n'avaient couvert l'Inde d'étangs, de réservoirs, de canaux les faisant communiquer entre eux, et de travaux d'art destinés à retenir toute l'eau de la saison des pluies, à s'emparer de celle des fleuves et à répartir toute cette immense provision dans les bassins artificiels, suivant les besoins de chaque province. Pendant la saison sèche, chaque champ reçoit la quantité d'eau nécessaire à la culture qu'il comporte, si petit qu'il soit les canaux d'arrosage lui apportent chaque jour sa provision. J'emprunte à M. Lamairesse, qui était ingénieur en chef des ponts et chaussées dans l'Inde française, quand j'habitais Pondichéry, l'énumération des moyens d'irrigation dont on dispose pour le seul territoire de cette ville.

L'étendue de ce territoire n'est que de vingt-huit mille hectares, cependant on y rencontre :

Trois étangs principaux ayant chacun de 15 à 25 kilomètres de pourtour;

Cinquante-six étangs secondaires de 1 à 15 kilomètres de pourtour;

Cinquante-cinq réservoirs annexés à ces étangs;

Deux cents sources canalisées;

Huit rivières et ruisseaux torrentiels à l'époque des plus grandes pluies, canalisés;

Neuf grands canaux dérivant les eaux de ces rivières et alimentant les étangs;

Trois cent quatre-vingt-un petits étangs particuliers à l'usage des hommes et des bestiaux;

Deux mille puits en briques servant aussi au même usage.

Disons à la louange de nos ingénieurs que tout ce système d'irrigation est admirablement entretenu, et qu'on ne trouverait sur tout le territoire français un seul étang en ruines. Le résultat immédiat est que nos possessions indoues voient arriver sans terreur ces terribles famines qui désolent périodiquement l'Inde anglaise... On ne meurt pas de faim sur notre territoire.

D'après la même autorité, « il y a dans la présidence de Madras (notre voisine immédiate) plus de cinquante-trois mille étangs et réservoirs tous créés par les brahmes, ayant ensemble une longueur totale de digues de plus de *quarante-huit mille kilomètres* et de plus de trois cent mille travaux d'art.

« Mais, constate M. Lamairesse, — beaucoup de ces anciens et très beaux étangs sont aujourd'hui *en ruines et hors d'usage faute de réparations et d'entretien.* Celui de Ponairy, dans le district de Trichnapoly, avait une longueur de plus de *quarante-huit kilomètres* et une étendue de *deux cents kilomètres carrés.* »

Pourquoi ces ruines?

L'ingénieur français répond, avec le langage froid, calme, mais mathématique d'un rapport d'ingénieur des ponts-et-chaussées :

« L'activité des ingénieurs anglais, trop peu nombreux, et les sommes allouées ne peuvent suffire à pourvoir à toutes ces réparations et améliorations partielles, et à la restauration des anciens étangs aujourd'hui en fonctions ou hors d'usage. » (*Chants populaires du sud de l'Inde.* — Chap. III, Condition des Indiens — de la page 208 à la page 231. — Lamairesse, ingénieur en chef des ponts-et-chaussées.)

Que dites-vous de cela, chers journalistes et critiques anglais, qui n'avez pas assez de boue à me jeter à la face, parce que je touche juste, sans cela vous me laisseriez bien tranquille...

Voulez-vous me dire combien de champs de

riz arrosaient, non pas tous les étangs que vous laissez en ruines, mais simplement celui de Ponairy, qui occupait une étendue de *deux cents kilomètres carrés?*

Il est reconnu, dans l'Inde, qu'un kilomètre carré d'étang arrose dix kilomètres carrés de terres.

L'étang de Ponairy arrosait donc deux mille kilomètres carrés de champs cultivés.

Réponds, honnête John Bull, est-ce ainsi que tu portes la civilisation, le progrès et l'abondance dans les contrées sur lesquelles tu t'abats ?

Et il ne s'agit que d'un seul étang !

Et l'Inde entière est couverte de ruines semblables, et tous les quatre ou cinq ans deux ou trois cent mille Indous meurent de faim au coin des routes, dans les sentiers solitaires, dans les jungles où les bêtes fauves commencent à les dévorer avant qu'ils aient rendu le dernier soupir.

J'ai vu, étant magistrat à Pondichéry, en 1866, j'ai vu les sujets anglais envahir le territoire français, et venir déposer, à la porte de nos demeures, leurs jeunes enfants mourant de faim.

« Je vous les donne, nous disaient-ils, donnez-leur un peu de riz pour qu'ils ne meurent pas de faim. »

Cela coûterait trop cher de faire entretenir le

vaste système d'irrigation établi par les brahmes. Périssent plutôt les Indous! L'honnête John Bull qui les pille, les écrase d'impôts, ne tirera pas un schelling de sa caisse! Voulez-vous savoir ce qu'il prend aux cultivateurs de l'Inde, ce bon marchand de la Cité, qui prêche l'émancipation des noirs, et impose aux Irlandais la servitude rurale?... Lisez, page 213, même auteur :

« Il est fort difficile aux Indiens d'arriver à une certaine aisance par l'agriculture seule, car le gouvernement *anglais* prélève le tiers du revenu net, soit les *deux tiers du revenu brut*, et les agents indiens qui servent d'intermédiaires pour la perception de l'impôt, en prélèvent encore une bonne part indûment. Il ne peut donc rester en général aux petits cultivateurs qu'à peine de quoi ne pas mourir de faim. »

Voilà pour les temps ordinaires.

Mais que la saison des pluies manque, les étangs en ruine n'ont plus de provision d'eau, le riz grille sur pied et les pauvres rayots meurent de faim.

Non, messieurs les Anglais... vous pouvez jeter de la poudre aux yeux des imbéciles, en imposer au bourgeois qui n'a pas quitté son comptoir, mais vous ne vous ferez jamais passer pour une nation humaine et généreuse auprès de qui vous a vus à l'œuvre.

Je sais bien que vous avez une presse admirablement stylée, qui, dès qu'il s'agit de l'honneur national, ne se laisse jamais entraîner à dévoiler les plaies anglaises *pour faire de l'opposition*, c'est une force cela, quand cinquante mille journaux et revues crient tous les matins et tous les soirs, de la Tamise au fleuve Jaune, aux rives du Gange, de l'Indus, et jusque dans les îles les plus reculées de l'Océanie : « L'Anglais est le peuple le plus brave, le plus honnête, le plus grand, le plus généreux, le plus habile, le plus désintéressé, le plus civilisé qui soit au monde. »

Oui, c'est une force... et une voix isolée ne peut qu'être étouffée dans ce concert, mais le télégraphe et les paquebots font leur œuvre, les peuples d'Europe commencent à voir clair dans les agissements de cette immense pieuvre qui s'appelle la Grande-Bretagne, et qui étend sur le monde ses insatiables tentacules pour sucer le sang et la moelle de tout ce qui travaille et produit sous le soleil.

Mais il est à l'horizon deux points noirs qui y grossissent, et qui finiront par s'abattre comme une avalanche sur la moderne Carthage.

Avant un siècle la Russie lui aura pris l'Inde, et l'Amérique lui aura ravi partout son rôle de charretier des mers.

Si la France sait lui barrer le chemin de l'extrême Orient et ce doit être là sa seule politique de l'avenir, s'emparer de Siam, du Tonking, d'Annam et de la Chine... l'Anglais sera réduit sur son île à se faire saleur de stock-fish et fumeur de hareng. Ce sera l'heure de la justice!...

Donc l'Inde râlait depuis plus d'un demi-siècle sous les exactions des bas agents du fisc, les vols des intendants supérieurs, un impôt exorbitant qui ne lui laisse pas de quoi vivre, la famine périodique et le despotisme inintelligent des deux partis des *saints* et des *politiques*, qui tour à tour lui imposaient leur domination... lorsque l'annexion du royaume d'Aoude par lord Dalhousie, un *politique* sans vergogne s'il en fut celui-là, et une nouvelle tentative faite par le parti des *saints* pour renverser les castes, et convertir en masse les Indous, vinrent faire l'office de la goutte d'eau, c'est-à-dire faire déborder le vase. Je laisse la parole à l'ancien officier de l'armée anglaise que j'ai déjà cité plus haut, ne voulant pas en cette matière offrir la moindre prise à une accusation de partialité.

« Lorsqu'au mois de février 1856, il plut à lord Dalhousie d'annexer le royaume d'Aoude, il fut d'abord fort embarrassé pour trouver un prétexte à une violation aussi flagrante des traités existants; après avoir bien cherché, il se rappela probablement la fable du loup et de l'agneau, et il se décida à reprocher au roi d'Aoude, fils et petit-fils de bons et fidèles alliés de la couronne d'Angleterre, d'avoir par sa mauvaise administration amené des troubles dans son royaume, troubles qui pouvaient inquiéter les sujets anglais sur le territoire voisin de la Compagnie. Il est vrai qu'il y avait eu pendant quelques jours aux environs de Luknow une forte querelle entre les musulmans fanatiques et les brahmes d'une certaine pagode.

Les brahmes étaient accusés par les enfants du Prophète d'avoir jeté dans leur mosquée la dépouille infecte d'un vieux chat. Les Indous eurent beau s'en défendre, les musulmans attaquèrent la pagode, on brûla de part et d'autre beaucoup de poudre, on se dit beaucoup d'injures, mais il y eut fort peu de victimes, ce qui n'empêcha pas le résident de prendre par ordre supérieur un ton fort courroucé.

Le pauvre roi se hasarda, dit-on, à demander s'il n'arrivait pas quelquefois que les musulmans et les Indous se prissent de querelle dans les États de la Compagnie.

On lui répondit que la question était des plus inconvenantes, et qu'il eût à faire cesser immédiatement des désordres très alarmants qui empêchaient ses voisins de dormir.

— Mais, répondit encore le malheureux roi,

mes troupes sont commandées par vos officiers, et ils n'acceptent guère d'ordres que de vous, veuillez donc leur dire de mieux faire dorénavant la police pour que moi aussi je puisse dormir tranquille. Quatre hommes et un caporal ou un bataillon tout au plus terminèrent cette grave affaire. Mais le thème une fois commencé, lord Dalhousie n'était pas homme à l'abandonner.

Messire Loup n'était pas au bout de son réquisitoire. Peu de jours après parut une longue proclamation en une infinité d'articles, établissant que le royaume d'Aoude ayant été mal gouverné pendant trois générations, par le souverain actuel, son père, son grand-père, et leur administration étant odieuse à leurs propres sujets et inquiétante pour le voisinage, *les lois de la morale et de l'humanité* exigeaient impérieusement de la part du gouvernement anglais qu'il mît fin à un pareil état de choses, en confisquant non pas, mais en *annexant* le royaume d'Aoude.

Par pure générosité cependant, et en souvenir d'anciennes relations, on consentait à laisser au roi une pension assez libérale à la condition toutefois d'une obéissance immédiate, il devait descendre du trône sans un mouvement d'humeur, sans un murmure. Si on tirait un seul coup de fusil, on ne lui laissait pas un cauris.

La menace était tout à fait perdue pour le pauvre roi, qui était trop débonnaire et trop pacifique (trop gras et trop lourd, dit un journal anglais), pour songer à résister par la force des armes. Il descendit noblement du trône, en disant qu'il ne voulait point pour le conserver répandre le sang de ses sujets, mais qu'il en appellerait à la justice du peuple anglais, qu'il irait, s'il le fallait, se jeter aux pieds de la reine Victoria et plaider lui-même sa cause devant les lords et le parlement.

Ce n'était point une vaine parole, l'effusion irréfléchie d'un malheureux aux abois : le roi d'Aoude détrôné se mit en route pour Calcutta, avec la ferme intention de s'embarquer pour l'Angleterre, mais arrivé sur le territoire de la Compagnie et presqu'aux portes de Calcutta, il fut volé de la moitié de son bagage et de presque toute sa fortune qu'il transportait en bijoux et en numéraire.

Il craignit avec raison de n'avoir plus assez d'argent pour faire vivre en Angleterre sa nombreuse famille pendant les délais inévitables d'un procès politique probablement très coûteux. Après bien des hésitations, il renonça à partir lui-même, mais il envoya à Londres sa femme et son fils. Or, il faut savoir que ce prince qui se présentait d'abord en suppliant, puis quelques jours après en mendiant, avait tiré des millions de sa cassette, comme son père et son grand-père l'avaient fait avant lui, pour les donner aux Anglais, aux honorables gouverneurs de la Compagnie des Indes, toutes les fois qu'ils s'étaient trouvés dans la gêne et le danger.

Puis, tout récemment, lorsqu'il attendait patiemment le résultat de son appel au parlement d'Angleterre, et qu'il vivait paisiblement dans cette capitale sous l'œil de l'autorité et sous la sauvegarde de l'hospitalité anglaise, il fut un jour réveillé par des sbires qui le jetèrent en prison, en lui apprenant qu'il avait conspiré pour faire insurger ses peuples, qui, effectivement, s'étaient soulevés comme un seul homme en redemandant leur roi.

Et pendant que le pauvre rajah se mourait dans un fort à Calcutta, l'ex-reine d'Aoude se mourait à Londres de désespoir et de dégoût d'avoir vu la pétition de son fils rejetée par la Chambre des communes *sans être lue*.

La réception de cette pétition avait été ajournée indéfiniment, parce que l'avocat qui l'avait rédigée avait oublié d'y inscrire la formule d'usage : *supplie très humblement* la Chambre des communes.

Ainsi, une poignée de bandits vous chasse de la demeure de vos ancêtres, pille votre argenterie, vole votre caisse... Et si on est forcé de s'adresser à eux pour obtenir qu'on vous restitue quelques bribes de ce qu'on vous a *annexé*, il faut dire : *supplie très humblement les très honorables bandits.* Il n'y a que John Bull pour avoir de ces lâchetés et de ces hypocrisies.

Il est donc incontestable que c'est le vol du royaume d'Aoude qui a été la cause principale de la conspiration qui a abouti au soulèvement de tout le Bengale contre ses odieux envahisseurs.

Les Anglais ne nieront pas cette vérité :

Le royaume d'Aoude a été *confisqué* en 1856.

L'insurrection a éclaté en 1857.

Sur 80,000 cipayes qui se sont soulevés contre leurs oppresseurs, 70,000 étaient d'anciens sujets du pauvre roi d'Aoude.

C'est M. Disraëli, aujourd'hui lord Beaconsfield, qui nous l'apprend. Le noble lord était alors dans l'opposition et grâce à cette circonstance heureuse, nous pouvons avoir la vérité certifiée par une bouche anglaise.

Après avoir affirmé à ses collègues de la Chambre des communes que le rapt du royaume d'Aoude était la cause irrécusable de la révolte de l'armée des Indes, il s'exprima ainsi :

En pareille matière on ne saurait trop citer textuellement.

« Quelques mois s'étaient à peine écoulés depuis l'*annexion* du royaume d'Aoude, lorsqu'on vit apparaître et circuler dans toutes les directions des *colporteurs* d'une singulière espèce dont on n'avait jamais entendu parler auparavant.

« Un de ces colporteurs arrivait chez le chef de chaque village, non pas pour lui rien vendre, mais pour lui remettre gratis six petits gâteaux de froment, en lui disant : « Ces six petits gâteaux « sont pour vous, je ne vous demande rien en « retour, seulement vous aurez l'obligeance d'en « faire six autres tout pareils, et vous les expédierez à la station suivante. » Chose bizarre, ce chef, sans faire de questions, acceptait invariablement ces gâteaux et, fidèle à la consigne, il en fabriquait six autres qu'il expédiait au village suivant avec le même message. Quel était le premier point de départ de ces gâteaux ? c'est ce qu'il serait important de connaître, malheureusement on ne l'a jamais su. Mais ce qui est incontestable, ce qui est positif, c'est que des colporteurs allaient ainsi de chef en chef, de village en village, d'une station de police à une autre station de police, ne laissant d'autre instruction que celle d'expédier six autres gâteaux pareils à ceux qu'ils avaient apportés.

« Supposez, continue M. Disraëli, que l'on

aille dire à l'empereur de Russie : Sire, voici un fait accompagné de circonstances très remarquables qui se passe dans vos États. Il y a des colporteurs inexplicables qui vont de village en village, et qui n'y déposent qu'un pot de caviar, ou bien une queue d'hermine, et en retour ils ne demandent rien que la complaisance de vouloir bien faire passer cela de main en main. Supposez qu'on lui dise encore : Le même fait s'est reproduit dans dix mille villages; mais nous n'y pouvons rien comprendre. Je suis parfaitement sûr que l'empereur répondrait : Peu m'importe que vous compreniez ou que vous ne compreniez pas, mais il m'est parfaitement démontré qu'il y a quelque chose de louche là-dessous, et je vais prendre mes précautions en conséquence. Or, il ne paraît pas que le gouvernement de l'Inde ait cherché à comprendre ou à se mettre sur ses gardes.

« Mais ce n'est pas tout encore; outre ces symptômes parmi les populations, il y en avait d'autres dans l'armée, d'après lesquels il n'était pas difficile de deviner qu'on était à la veille d'une conspiration militaire. Un cipaye arrivait dans un cantonnement militaire, et allait droit au plus ancien officier indigène. Il venait expressément pour lui remettre quoi? Une fleur de lotus.

« L'officier la regardait sans rien dire et la passait à un autre officier, celui-ci à un autre, puis elle allait à un inférieur, et ainsi de main en main jusqu'au dernier soldat du régiment. Et il n'y avait pas un homme du régiment qui n'eût regardé, touché, et passé la fleur, et enfin quand elle était arrivée au dernier soldat, il disparaissait pour aller la porter à un autre régiment, s'il y en avait là, sinon au plus prochain cantonnement militaire. On ne pourrait pas citer un seul cantonnement, un seul régiment, une seule compagnie, pas une escorte, pas un détachement où ces fleurs de lotus n'aient pas circulé. Et cela a commencé aussitôt après l'annexion d'Aoude. »

Après ces paroles de M. Disraëli, il ne saurait y avoir l'ombre d'un doute sur les conséquences de la spoliation du vieux et honnête roi du pays d'Aoude ; ces conséquences qui furent la révolte contre les Anglais, légitiment absolument cet acte. Les cipayes défendaient leur roi et l'indépendance de leur pays.

Que les habits rouges, pour excuser les ignobles massacres auxquels ils se sont livrés pendant *une année* de représailles, ne nous parlent donc plus d'*insurrection* contre leur autorité légitime... Quand un village calabrais se défend contre les attaques d'une troupe de gentilshommes de grand chemin, dit-on que ce village s'insurge, parce qu'il cherche à repousser la bande de Falsacappa?

Tout le Bengale éta-t donc rallié à la conspition, le mot d'ordre était : il faut chasser l'étranger.

Mais ces populations douces et timides, bien que se sentant unies par la même haine, hésitaient à prendre les armes. Une conduite plus sage, plus humaine eût sans aucun doute affaibli peu à peu le ressentiment et empêché l'explosion.

Mais les *saints* veillaient.

Aux *politiques* le mérite d'avoir préparé la révolte.

Aux *saints* la gloire de l'avoir fait éclater.

J'emprunte une dernière citation à M. de Warren, car c'est avec l'opinion d'un ancien officier de leur armée que je veux dire aux Anglais toute l'infamie de leur conduite dans l'Inde.

« Les trois quarts de la société en Europe, et même en France (surtout en France, monsieur de Warren, surtout en France), semblent ne pas se douter de l'existence des *saints*. Et cependant ils fourmillent en Angleterre, ils se comptent par légions, ils constituent plus de la moitié de la population protestante de l'autre côté de la Manche.

« Le type si vigoureusement accusé des Habakkok Mucklewroth n'est point une invention de Walter Scott, il n'a pas eu à l'aller chercher dans les vieilles légendes, il n'avait qu'à regarder autour de lui pour l'esquisser d'après nature à Édimbourg ou dans son propre village.

« Depuis 1836 surtout une recrudescence, une exagération d'enthousiasme religieux s'est fait sentir d'une manière remarquable, un courant d'esprit puritain a soufflé sur toutes les sectes protestantes des trois royaumes, et les *saints* se sont multipliés à l'infini, surtout dans l'Inde où ils ont envahi toutes les administrations... Toutes les sommités militaires, tous les chefs de corps, tous les hauts fonctionnaires de l'administration, peu à peu s'étaient fait prédicants...

« Il n'y eut bientôt plus dans toutes ces têtes échauffées qu'une seule idée, celle de convertir les Indous par la persuasion ou par la force, la Bible ou le sabre de Gédéon. Pour un si noble but il fallait tout risquer, même le plus magnifique joyau de la couronne d'Angleterre, le riche empire des Indes. Or, pour arriver à ce but, il n'y avait qu'un moyen. Le principal obstacle à la conversion des Indous est évidemment le préjugé de caste. Excepté la masse de la classe ignorante et abrutie, les Indous n'ont plus qu'une très minime croyance dans les légendes de leurs *pouranas* et qu'un très mince respect pour leurs idoles de pierre à deux têtes et à vingt bras. Mais pour un Indou perdre sa caste, c'est tout perdre, l'amour de sa femme, l'appui de sa famille, le respect de ses enfants. Tant que la caste subsiste, il n'y a rien à espérer pour sa conversion : elle est impossible. Eh bien ! il faut que cet obstacle disparaisse, il faut que la caste soit nivelée. Guerre à la caste.

« Or, dans la société indoue, l'élément militaire est celui qui a le plus de poids, de consistance, c'est le plus répandu, le plus actif, le plus influent, il a des ramifications dans toutes les castes. Le préjugé de la caste, une fois détruit dans l'armée, le procès serait gagné... Il faut savoir que c'est principalement pour tout ce qui tient à la nourriture que ce préjugé est inébranlable.

« Le prisonnier qui aura commis les crimes les plus odieux pour satisfaire le moindre de ses penchants saura mourir comme un martyr en subissant toutes les tortures de la faim, plutôt que de souiller son corps par une nourriture contraire aux préceptes de sa religion.

« Des régiments de cipayes parfaitement dévoués à leurs officiers, auxquels on n'avait jamais eu à reprocher la moindre faute contre la discipline, s'étaient laissé fusiller plutôt que de s'embarquer pour traverser la Kala-pania (eau azurée, la mer), non qu'ils eussent peur de la tempête, mais parce que l'idée de préparer leur nourriture sous les yeux des Européens, leur semblait plus insupportable que la mort même. Il est vrai que d'autres régiments se soumirent à cette épreuve pour ne pas être décimés, mais on ne sait pas ce qu'elle leur a coûté, et ce qu'elle leur coûte encore.

« Pendant toute la traversée, ces malheureux ne se nourrissaient que de grains crus et d'épices qu'ils portent sur eux en cachette ; c'est quelque chose de navrant de les voir débarquer après une traversée un peu longue, hâves et maigres comme les naufragés de la *Méduse*.

« Ce fut dans les prisons qu'on essaya de frapper le premier coup en faisant servir une nourriture commune. Partout où on fit l'application de cette mesure, il y eut un soulèvement presque général des détenus. Force resta à la loi (singulière loi), mais le sang coula en abondance, et les prisonniers se vengèrent de leur défaite en se laissant mourir de faim. Partout où les magistrats se montrèrent inflexibles le vide se fit parmi les brahmes et les xachatrias ; les parias seuls survécurent et acceptèrent la nourriture proposée parce que leur caste avait rien à y perdre. »

Une autre circonstance allait permettre aux

Saints de faire une expérience nouvelle sur l'armée.

En renouvelant les approvisionnements de munitions de guerre du parc de Dumdum. toutes les cartouches, dans le but de provoquer une crise, furent frottées de graisse de bœuf ou de porc; or on sait l'horreur qu'inspire aux Indous la dépouille de tout ce qui a eu vie, et l'insurmontable répugnance qu'ont les sectateurs de Mahomet pour le porc; c'était réunir dans une même haine brahmes et musulmans.

Le 19me d'infanterie indigène fut le premier régiment qui reçut de ces cartouches, il déclara unanimement qu'il ne s'en servirait pas, le contact impur de la graisse devant lui faire perdre sa caste. On l'autorisa à ne point déchirer les cartouches avec les dents, il déclara que le résultat était le même, et refusa de recevoir les cartouches; il fut décimé et licencié, et l'on continua l'épreuve sur le 34me régiment d'infanterie indigène, et le colonel Wheeler, qui commandait ce régiment, sorte de fou atteint de monomanie religieuse, se mit à prêcher devant ses hommes, leur prédisant la chute du brahmanisme et du mahométisme à bref délai, leur annonçant qu'ils allaient tous être convertis et qu'on ne céderait qu'à la force pour éviter un soulèvement; on fut obligé de lui retirer son commandement.

Mais l'armée tout entière était affectée de ce zèle de prosélytisme, tous les officiers supérieurs étaient affiliés à la secte des *Saints*, et tous les régiments indigènes reçurent de ces fameuses cartouches avec ordre de s'en servir ; même refus dans toutes les stations du Bengale; les cipayes comprirent parfaitement qu'on en voulait à leurs croyances, et que les fameuses cartouches étaient le résultat du premier pas fait dans la voie de la conversion par la force.

Les choses en étaient venues à un point où il fallait céder si on ne voulait voir la crise prendre les proportions d'une révolution. Lord Canning, gouverneur général, esprit honnête et juste, était de cet avis, mais après avoir eu l'énergie de briser le colonel Wheeler, il ne sut pas résister au commandant en chef et à son entourage, et il laissa faire l'autorité militaire qui résolut de sévir. La 1re compagnie du 3me de cavalerie, sur son refus de charger ses armes avec les fameuses cartouches, fut traduite devant un conseil de guerre et condamnée à dix ans de fers et de travaux forcés. Malgré les cris de ces pauvres diables qui demandaient grâce, invoquant leur bonne conduite passée, et disant à leurs chefs : « — Ce n'est pas nous qui désobéissons, c'est notre religion qui nous défend ce que vous ordonnez, » l'arrêt fut exécuté, et les condamnés, dégradés et mis aux fers devant leur régiment tenu en respect par un bataillon d'artillerie européenne, qui assistait à la chose, canons en batterie et mèche allumée.

Quand les malheureux défilèrent enchaînés, une foule d'officiers européens de leur régiment ne purent retenir leurs larmes.

Quelle insigne folie, couper l'armée en deux, faire menacer plus de deux cent cinquante mille cipayes par une poignée d'Européens ! On se demande, en face d'un pareil aveuglement, si les saints ne poussaient pas à la révolte pour exécuter leurs projets de conversion dans le sang.

Toute l'armée indigène des Indes fut donc bien et dûment avertie qu'elle n'avait que le choix, ou d'obéir, et alors de perdre sa caste, et de tomber au rang des pariahs, quitte à se faire chrétiens, ou de résister, et d'être condamnés aux fers. De gaieté de cœur les malheureux cipayes ne pouvaient accepter de se voir chasser de leurs castes et considérer comme un objet d'horreur par leurs femmes, leurs enfants, leurs pères, leurs mères, tous leurs parents et amis ; c'était la *mort civile* qu'on leur imposait. Il n'y avait plus d'autre parti à prendre que celui de la révolte.

Le 10 mai 1857, trois régiments de cavalerie indigène en garnison à Mirat donnèrent le signal.

A sept heures du soir, ils sortirent comme un seul homme de leurs cantonnements, se jetèrent sur la prison dont ils enlevèrent le poste, délivrèrent leurs camarades condamnés aux fers, les mirent à cheval, et tous partirent sous la conduite de leurs officiers indigènes, aux cris de Delhi ! Delhi ! C'était le cri de ralliement.

La veille, un journal, organe des saints, le *Friend of India*, s'était écrié, dans un excès de lyrisme stupide :

« Périsse plutôt notre empire colonial... Il faut qu'il grandisse ou succombe avec la foi chrétienne à laquelle nous nous faisons gloire d'appartenir. »

Les saints pouvaient être contents, ce n'était plus une révolte, c'était une révolution. Ce n'était plus seulement les cipayes qui se soulevaient, c'était la population entière du Bengale qui allait courir sus aux étrangers. Si les autres provinces de l'immense empire eussent suivi cet exemple, il ne fût pas resté un seul Anglais dans l'Inde quinze jours après.

Disons de suite, pour répondre aux récriminations des Anglais qui veulent s'excuser ainsi, d'avoir couvert l'Inde de ruines et de sang après la victoire, que les massacres signalés au début de l'insurrection ne peuvent être, cela est prouvé, attribués aux cipayes. Dans les prisons de Mirat, de Delhi, d'Agra et d'Allahabord, se trouvaient enfermés au nombre de plus de dix mille, des étrangleurs et assassins de toutes espèces appartenant aux bandes de Thugs et de Phansigars, qui ne manquèrent pas de profiter de leur liberté, pour exterminer tous les Européens qui leur tombaient sous la main.

Pour que le lecteur, du reste, puisse se faire une idée bien exacte du caractère de ces cipayes indous, et de la physionomie des débuts de l'insurrection, je vais transcrire ici la *relation* que la femme d'un capitaine du 3me régiment de cavalerie, celui qui a donné le signal du soulèvement, a écrite sur l'événement; on ne pourra suspecter le témoignage de cette dame, Anglaise de naissance, et femme d'un officier anglais :

« Au premier signal d'alarmes, mon mari m'avait quittée pour courir aux casernes, où il n'avait plus trouvé le régiment, et de là à la prison où il pensait bien que les cipayes avaient dû se porter pour délivrer leurs camarades. Les premiers insurgés qu'il rencontra étaient précisément des prisonniers de la veille, qui venaient d'être mis en liberté. Ils étaient à cheval et en uniforme. Leurs camarades avaient non seulement brisé leurs fers, mais ils leur avaient amené leurs montures et apporté leurs armes, et ils s'enfuyaient avec le régiment du côté de

Delhi. Ils étaient une trentaine, et mon mari était seul. Lorsqu'ils rencontrèrent Henry, ils s'arrêtèrent pour le saluer, et pour lui envoyer leurs bénédictions. L'un d'eux s'approcha vivement de mon mari, et lui dit d'une voix tremblante d'émotion : — « Je suis libre, monseigneur ! mon bon capitaine, laissez-moi vous presser sur mon cœur avant de vous quitter pour toujours. » Il le fit comme il l'avait dit, et après cette accolade, toute la troupe partit au galop avec un dernier cri de : Dieu vous protége ! En vérité, mon mari était leur ami, et *si on avait voulu l'écouter, toutes ces horreurs ne seraient jamais arrivées.*

« Bien des heures se passèrent avant qu'Henry revînt, et cependant nous entendions une horrible fusillade, et des cris affreux; on brûlait toutes les maisons autour de nous. Toutes celles que nous pouvions voir de nos fenêtres, il y en avait huit ou dix, étaient en flammes, et nous tremblions de tous nos membres. Élisa et moi, nous n'osions sortir sans mon mari. Enfin, quelques cavaliers indigènes entrèrent dans le jardin. Je reconnus l'uniforme du régiment : — « Venez, venez, leur criai-je, sauvez-moi, sauvez-nous ! » Et la pauvre Élisa joignait ses cris aux miens. — « Ne craignez rien, me dit celui qui s'avançait le premier, personne ne vous fera le moindre mal.» Oh ! comme je les ai remerciés. Et une minute après, ils étaient avec nous au salon du premier étage. Et j'essayai de prendre leurs mains dans les miennes, mais ils se couchèrent à mes pieds, et ne voulurent les toucher qu'avec leurs fronts. Ces quatre hommes m'étaient inconnus, mais le premier qui m'a parlé s'appelait Madbo, je ne l'oublierai jamais.

« Ils me suppliaient de ne pas me montrer hors de la maison. Mais, oh ! ce n'était pas possible, quand c'était mon époux dont j'attendais le retour ! Alfred nous réjoignit d'abord, m'annonçant que Henry était sain et sauf. Et nos quatre défenseurs couraient à chaque instant dans le jardin, pour repousser les groupes qui se précipitaient pour venir mettre le feu à la maison. Puis des coups de pistolet retentirent dans toutes les directions, et ce fut alors que mon mari arriva enfin, dans une agonie d'inquiétude à notre sujet. Il nous fit aussitôt quitter la maison de peur qu'elle ne fût entourée.

« Enveloppées dans les housses noires de nos écuries, afin de cacher nos légers vêtements de femme, dont la couleur aurait été remarquée à la lueur des incendies, il nous conduisit d'abord dans un endroit caché par les arbres de notre jardin, puis un peu plus tard dans un petit kiosque à l'extrémité de la propriété. Les murs de ce petit édifice étaient très épais, et comme il n'y avait qu'une seule porte fort étroite on y était passablement à l'abri. Nous passâmes là plusieurs heures, assis, nous parlant à voix basse, prêtant l'oreille à tous les bruits, suivant que la foule s'approchait ou s'éloignait. Cependant personne ne nous attaquait, et d'autres de nos cavaliers venaient à chaque instant se joindre à notre escorte, jurant de donner leur vie pour nous. Une bande de brigands armés se précipita une fois dans la maison, mais deux d'entre eux furent immédiatement tués et le reste prit la fuite. Ce fut en ce moment que le quatrième étendard du régiment nous fut apporté par Rhomon-Sing (un djemedar, capitaine indigène), notre pauvre vieil ami, *une des victimes du colonel*. Il ne nous a plus quittés un seul instant.

« Henry attendait le premier crépuscule du jour pour nous conduire aux casernes européennes, cependant les cavaliers tremblaient à l'idée de nous suivre de ce côté. Tous nos palefreniers s'étaient sauvés, de sorte que Henry fut obligé d'aller harnacher les chevaux lui-même à la voiture. Élisa et moi nous montâmes dans la calèche, un de nos cavaliers servant de cocher; Henry et Alfred rassemblèrent tous les troupiers autour de nous, et nous partîmes au galop. Dix-neuf soldats du 3me régiment de cavalerie nous accompagnaient, ayant à leur tête le djemedar Rhomon-Sing de notre compagnie. Un des prisonniers qui était venu à nous, s'offrit aussi de nous accompagner pour nous protéger, mais mon mari lui dit qu'il serait obligé de le faire remettre en prison s'il nous suivait, de sorte que le pauvre garçon s'en alla tout désolé.

« Chemin faisant, nous rencontrâmes un carabinier du 6me dragons de la garde poursuivi par plusieurs cipayes; il était à pied, sans armes, et déjà couvert de sang, il était blessé à la tête et aux bras; mon mari tua d'un coup de pistolet un des assaillants, et fit monter le carabinier dans la voiture. Pendant ce temps-là nos cavaliers tenaient les autres cipayes à distance, mais sans faire usage de leurs armes. Évidemment ils partageaient leur aversion pour le soldat européen.

« Arrivés en vue des casernes européennes, lorsque nous fûmes hors de tout danger, une douzaine de carabiniers resta avec nous, le reste alla rejoindre les insurgés. »

Telle est cette lettre si touchante, si vraie qu'il n'est jamais venu à l'esprit d'aucun Anglais d'oser la contredire.

J'ajouterai que pas un officier de ce fameux 3me régiment qui avait donné le signal de la révolte, ne périt de la main de ses soldats, et cependant plusieurs, notamment le colonel, étaient particulièrement détestés, à cause des vexations religieuses qu'ils faisaient constamment subir à leurs hommes.

Disons en passant que le général Hewit, qui commandait le cantonnement de Mirat, perdit complètement la tête, car il avait plus de deux mille hommes de troupes européennes sous ses ordres et pouvait, par une décision prompte et énergique, écraser l'insurrection dès le début.

Delhi, l'ancienne capitale du royaume Mogol, centre immense d'approvisionnement, mais gardé seulement par des troupes indigènes, passa à l'insurrection, et c'en eût été fait de la puissance anglaise dans l'Inde, si le Pundjab et tout le pays Sikh, grâce à une habile manœuvre de sir John Lawrence, n'étaient restés fidèles. Ce dernier, commissaire du gouvernement dans le pays, averti de la révolte par le télégraphe, eut l'habileté de tenir la nouvelle secrète et d'annoncer avec l'appât d'une prime énorme qu'il avait reçu l'ordre de lever des régiments sikhs. Les populations essentiellement guerrières de ce pays accoururent en foule s'enrôler. Il y avait longtemps qu'elles demandaient à servir, à cause des avantages que les Anglais faisaient à leur armée anglo-indoue, mais jusqu'à présent, par crainte de leur caractère turbulent et énergique, on avait toujours redouté de leur donner des armes.

Lawrence n'hésita pas. Après avoir formé tous ceux qui se présentaient par compagnie, bataillon et régiment, ce que lui fut facile, car avant l'annexion de leurs pays tous les Sikhs valides avaient servi sous les ordres des officiers français, Allard, Court et Ventura que leur rajah Redjet-Sing avait appelés à sa cour pour sa défense. Le résident anglais, pour ne pas donner l'éveil, fit demander à deux régiments de cipayes leurs armes pour faire faire l'exercice aux nouvelles recrues; ces armes une fois livrées non seulement ne furent pas rendues, mais encore on annonça aux cipayes qu'ils étaient désarmés et licenciés, et tous les autres régiments reçurent l'ordre de déposer leurs armes. Les malheureux obéirent sans murmurer, ne comprenant rien à cet acte de leurs chefs, car tout cela avait été accompli en moins de trois jours, avant que la nouvelle de l'insurrection fût parvenue dans le Pundjab. Malgré la rapidité vraiment incroyable des coureurs indigènes, ces derniers ne pouvaient vaincre l'électricité, et l'on peut dire que les Anglais dans l'Inde ont été sauvés par le télégraphe.

Cinq à six mille hommes de troupes européennes se trouvaient échelonnées de Lahore aux rives de l'Indus; Lawrence les rassembla, et avec une dizaine de régiments sikhs dont la fidélité était à toute épreuve, grâce à la haine qu'on avait habilement soulevée dans leur cœur contre les cipayes, il reprit immédiatement l'offensive. Cet homme énergique autant qu'habile venait par cette manœuvre de sauver le prestige et la puissance de son pays.

Plus de trente mille cipayes, qui n'avaient commis aucune faute, qui n'avaient pas encore pactisé avec la révolution, avaient été ainsi désarmés, et laissés sans vivres, sans secours dans une contrée qui n'était pas la leur. Alors un horrible mot d'ordre circula parmi les officiers et les régiments anglais : *Il ne faut pas laisser une si forte masse d'ennemis derrière nous!* Qui l'avait donné ? qui en est responsable ? il ne paraît pas que la mémoire de l'héroïque mais sanguinaire Lawrence puisse en être lavée. En effet d'épouvantables massacres commencèrent aussitôt et il ne fit rien pour les arrêter.

A partir de ce moment, les Anglais furent pris de cette ivresse du sang, qui semble changer l'homme en bête fauve, chaque fois qu'on le pousse dans la voie des massacres et des représailles.

« Ce qu'il y a de certain, dit M. de Warren, c'est que de la part des Anglais dans toutes les stations du Pundjab, et plus tard successivement dans tous les cantonnements du Bengale, les

12.

exécutions commencèrent sur une échelle inouïe dans l'histoire d'aucun pays. L'on inventait même de nouveaux supplices : cinquante, soixante, quelquefois cent hommes par jour, étaient pendus, fusillés, écartelés par explosion à la bouche des canons dans chaque station, et cela sous le plus léger prétexte, pour un mot, un geste, une lettre reçue d'un insurgé. C'était la terrible loi des suspects avec tout son cortège d'injustices et d'horreurs. La terreur même produite par ces exécutions rendait de nouvelles exécutions toujours nécessaires. Les cipayes, convaincus que leur extermination complète était résolue, qu'ils y passeraient tous les uns après les autres, que ce n'était qu'une question de temps, se laissaient aller à chaque instant à des paniques bien naturelles; et quoiqu'ils fussent désarmés et certains d'être traqués comme des bêtes fauves par les paysans sikhs (qu'attirait l'appât du gain, car chaque tête de ces malheureux était payée cinq roupies), se sauvaient en masse et étaient aussitôt poursuivis. Les Sikhs, jouaient dans cette chasse à l'homme, le rôle du chien de sang, employé à la poursuite des esclaves en Amérique, et la poursuite était continuée jusqu'à ce qu'on se fût assuré que pas un homme n'avait réussi à passer la frontière. A mesure que ces malheureux étaient ramenés, ils étaient pendus, fusillés, écartelés suivant leurs grades, on les comptait comme un troupeau de moutons dans un abattoir. Le général Cotton, écrivant de Peshawer, dit que : « *Sur huit cent soixante et onze hommes qui composaient le* 51me *régiment du Bengale, il en a déjà pendu et fusillé sept cent quatre-vingt-cinq. Il observe qu'il lui en manque encore quatre-vingt-six, mais qu'il sera bientôt au complet, attendu que le restant continue à lui être amené par escouades de deux ou trois à la fois par les paysans et la police sikhs.* » Il y a des régiments, tels que le 26me et le 46me, qui ont été ainsi exterminés *jusqu'au dernier homme.* Et sait-on quels crimes avaient commis ces pauvres diables? ils s'étaient sauvés par peur, après avoir été désarmés. »

Notons bien qu'au Pundjab on n'était pas sur le théâtre de la guerre, qu'on ne pouvait craindre que les pauvres cipayes, désarmés et licenciés, pussent soulever une population qui leur était hostile. Ces ignobles massacres dans lesquels tous les officiers anglais révalisèrent de cruautés, sont donc sans excuses. Les habits rouges se vengeaient de la peur qu'ils avaient éprouvée, et rien n'est terrible et lâche comme la peur qui se venge.

Je ne suivrai pas la liste de tous les régiments que l'on désarmait et que l'on massacrait après, bien qu'ils ne se fussent pas révoltés; il faudrait pour tous répéter cette phrase de M. de Warren :

« Le 26 mai, le 55me régiment d'infanterie indigène qui avait été désarmé à Murdan dans le Pundjab, essaya de déserter, mais poursuivi et traqué dans la campagne pendant plusieurs mois, il périt tout entier *sans qu'un seul homme* eût pu passer la frontière. Ce régiment n'avait pas maltraité ses officiers, dont pas un n'a péri. »

Après de pareils actes, je ne sais pas ce que l'Angleterre pourrait reprocher aux sauvages du centre Afrique et aux cannibales de l'Océanie... Elle ne mange pas ses victimes, voilà tout.

Cependant une foule de régiments de cipayes étaient restés fidèles, plusieurs même, comme le 6me et le 37me d'infanterie et le 13me de cavalerie en garnison à Allahabad, avaient demandé à marcher contre Delhi, où la révolution venait de rétablir le trône du Grand-Mogol, mesure impopulaire qui devait éloigner les Indous d'une cause qui au lieu de rester brahmanique, se prononçait dans le sens musulman. Un peu d'habileté en ce moment pouvait tout réparer encore, lorsque éclata l'affaire de Benarès, stigmatisée ainsi que nous l'avons dit du nom de Feringhi-Ka-Dagha, la tache de sang anglais.

En pareille matière, je m'abstiens de raconter, je ne cite que les sources anglaises.

Voilà la déposition du général Lloyd, faite le 3 septembre 1857 :

« On the 4th. of june, without any apparent reason, it seems to have been determined by the military authorities at Benares, to disarm the 37th. N-I, and ultimately this was attempted, but in such a manner that Though the men of the 37th. had lodged their arms in their bells of arms, they were fired on with grape and musketry. The Sikhs present and most of the 13th. irregular cavalry, joined them in resisting this attack, and it was every where stigmatised as Feringhi-Ka-Dagha ; it caused the instant revolt of the 6th. regiment at Allahabad. »

Traduction littérale :

« Le quatre juin, sans aucune raison apparente, il paraît que les autorités militaires de Benarès s'étaient déterminées à désarmer le 37me d'infanterie indigène, et effectivement d'une manière si étrange, qu'après que les cipayes eurent déposé leurs armes dans leurs magasins spéciaux, on leur tira dessus, avec la mousqueterie et la mitraille. Les Sikhs qui étaient présents, et la plus grande partie du 13me de cavalerie irrégulière se joignirent aux cipayes pour repousser cette attaque, et cette affaire fut stigmatisée en tous lieux sous le nom de la tache sanglante des Anglais ; elle eut pour résultat instantané la révolte du 6me régiment à Allahabad. »

On désarme un régiment, puis quand il est sans défense on lui tire dessus à mitraille, et un brave général trouve simplement qu'on s'y est pris d'une manière étrange... Comme c'est bien anglais ! Si on a mitraillé, c'est qu'on avait amené des canons chargés jusqu'à la gueule ; si les artilleurs ont fait feu, c'est qu'ils en avaient reçu l'ordre de leurs officiers, et si les officiers ont donné cet ordre, c'est pour exécuter les instructions sanguinaires qu'ils avaient reçues, de désarmer d'abord, de massacrer ensuite ; c'est si beau, n'est-ce pas, mes braves Anglais, de massacrer sans danger ! Ce n'est pas étrange, M. le général, il n'y a pas de nom dans le langage de l'humanité à donner à de pareils actes.

Vous faut-il encore le jugement d'un compatriote ?

Cinq jours après l'affaire, M. Spencer écrivait :

« Many officers are furious; and say we have been shedding innocent blood ; and the whole thing was a blunder. »

« Un grand nombre d'officiers sont furieux ; ils disent que nous avons versé le sang innocent, et toute l'affaire est une énorme sottise. »

Cette triste affaire de Benarès, et le bruit des

hécatombes du Pundjab, achevèrent de gagner à la révolte tous les régiments restés fidèles jusque-là. Nana-Sahib entra en scène, et les représailles commencèrent. On vit alors les rayots ou paysans s'armer dans tout le pays d'Aoude, et traquer les Anglais comme ces derniers traquaient les cipayes dans le Pundjab.

Je ne suivrai pas les péripéties de la lutte qui se termina par la défaite de l'insurrection, ce cadre est trop petit pour pouvoir mettre convenablement en lumière tous les événements qui se succédèrent depuis la révolte de Mirat, jusqu'à la reprise de Delhi. Je n'ai voulu, du reste, établir et prouver que deux choses à l'encontre des Anglais :

1° Que ce sont eux qui sont la cause de l'insurrection des cipayes, par leurs vexations continuelles, leurs absurdes prédications, leur intolérance religieuse, et le rapt odieux du royaume d'Aoude;

2° Que pas un régiment de cipayes révolté n'a massacré ni ses officiers, ni leur famille, ni les résidents; que dès le début, au contraire, partout où ils se sont trouvés les plus forts, les Anglais se sont livrés à des orgies de massacre, à des exécutions en masse, que ni les nécessités de la guerre, ni leur sûreté ne leur commandaient. Qu'ils ont enfin massacré pour massacrer, comme la bête brute que la peur autant que la vue du sang fait entrer en fureur;

3° Que dans le Pundjab où pas un seul cipaye ne s'est révolté, où même presque tous les cipayes de religion brahmanique avaient demandé à marcher contre Delhi où la révolution s'était incarnée dans les musulmans, leurs éternels ennemis, les Anglais ont mitraillé, massacré tous les régiments de cipayes, après les avoir prudemment désarmés;

4° Que tout ce que l'armée anglaise comptait d'honnêtes officiers, a désapprouvé hautement ces lâches tueries, qui eurent immédiatement pour résultat les représailles ordonnées par Nana-Sahib.

Sans doute, je n'approuve pas les massacres de Cawnpoor, mais ce qu'il faut dire bien haut pour que les Anglais ne fassent prendre le change à personne, c'est que ces massacres de deux ou trois cents Anglais à peine, ont eu lieu en plein état de guerre, et comme représailles des boucheries du Pundjab, dans lesquelles plus de trente mille cipayes innocents furent égorgés.

Citons encore un dernier fait en l'honneur de ces pauvres cipayes, sur lesquels s'est abattue toute la haine de l'Angleterre, sans distinction d'innocents et de coupables, parce que c'était un régiment de cette arme qui avait d nné le signal de la révolte, et qu'il fallait terroriser.

Après la prise de Cawnpoor, et pour venger les milliers de victimes du Pundjab, Nana-Sahib donna l'ordre de fusiller les Anglais tombés entre ses mains.

Le 1er régiment d'infanterie indigène refusa d'obéir, en disant : « *Nous ne tuerons pas le général Weeler qui a rendu notre nom célèbre et dont le fils a été notre quartier-maître; nous ne tuerons pas non plus les autres Anglais, qu'on les mette en prison.* » (De Warren.)

Nana-Sahib fut obligé de les faire fusiller par des musulmans ; ainsi partout, même sur les champs de bataille, même dans les entraînements de la lutte, même après les trente mille cadavres du Pundjab, les cipayes refusent de toucher à leurs anciens officiers, refusent de tuer en dehors du combat.

Et sait-on comment l'Angleterre, après la victoire, sut reconnaître la magnanimité du 1er d'infanterie? Tous les hommes de ce régiment furent massacrés jusqu'au dernier; les chefs furent, les uns mis à la bouche des canons, les autres écartelés; quant aux simples cipayes on les mitrailla par masses, avec leurs femmes et leurs enfants... Un matin, au lever du soleil, ils étaient environ six cents, sous les murs de Cawnpoor, c'était la troisième ou quatrième fournée de la semaine... on ne comptait plus, les canons étaient braqués sur les misérables, les artilleurs n'attendaient que le signal. Le capitaine Maxwell commanda le feu d'une voix claire et ferme, et les différentes interjections du commandement ne furent troublées que par les cris des nourrissons, sur le sein de leurs mères. Tout à coup la mitraille commença son œuvre, on rechargea trois, quatre, cinq fois, jusqu'à ce que pères, mères, enfants à la mamelle, ne fussent plus que de la bouillie humaine... Et dire qu'il y a encore en France une foule de Gogos-Prud'hommes qui nous parlent sérieusement de la civilisation et de l'humanité anglaises !

. . . .

La science et la discipline européennes, les armes perfectionnées et surtout l'unité de commandement ne devaient pas tarder à avoir raison de l'insurrection.

Le 20 septembre 1857, Delhi, la capitale des révoltés, tombait au pouvoir des Anglais.

Il ne nous reste plus qu'à voir maintenant comment les vainqueurs se conduisirent après la victoire.

« Toutes les correspondances, dit M. de Warren, s'accordent pour nous le dire, toutes les versions sont identiques. Les instruments de supplice sont en permanence, la terreur est à l'ordre du jour. Dans chaque station civile, dans chaque cantonnement militaire, c'est toujours le même spectacle, d'innombrables potences qui fonctionnent sans trêve, sans relâche, sans merci. Aussitôt que les cadavres sont froids on les descend pour les remplacer par de nouvelles victimes humaines. C'est une longue Saint-Barthélemy qui s'exerce indistinctement sur les Hindous et les musulmans. A Allahabad, à Benarès, à Dinapour, les potences se succèdent tout le long des routes, il y a *des kilomètres de ces horribles trophées*... Si, obéissant aux cris de la nature, quelque âme, moins fortement trempée, s'attendrit un instant; si un prêtre, un magistrat, un gouverneur général veut sauver au moins les innocents, ceux qui n'ont été pour rien dans les massacres ni même dans la révolte, c'est contre ce *cœur pusillanime*, *cet impie*, *ce traître*, une explosion de cris et de haines. Bien heureux quand sa vie n'est pas menacée. Un général a couru des dangers sérieux, et a perdu de sa popularité, pour avoir voulu sauver des mains de quelques soldats anglais des 10ᵉ et 78ᵉ régiments, de pauvres cipayes qui avaient refusé de s'insurger, et après être restés fidèles aux Anglais, au péril de leur vie, se rendaient au poste où les envoyait l'autorité... Lord Canning, pour avoir voulu sauver l'honneur de son pays, compromis par ces horribles massacres d'une population sans défense, massacres dont l'histoire d'aucun pays n'a jamais fourni d'exemple, du moins sur une échelle aussi colossale, et pendant une aussi longue démence, a été insulté par les journaux, damné par les saints, désavoué par les princes et par les ministres de son pays... Le monde entier répétera avec nous : Honte à l'Angleterre !.. »

Et dire que ceci est écrit par un ex-officier de l'armée anglaise !

Le *Times*, ce journal si parfaitement anglais, donnait la note du moment ; voici l'article qu'il consacrait à la répression, on ne récusera pas nos autorités, puisque nous les prenons le plus possible dans les rangs des massacreurs :

« Quant à nous, dit ce journal, nous sommes disposés à considérer cette révolte comme une occasion *providentielle* de montrer aux Indous que, nous aussi, nous avons une caste, et que cette caste est celle de la nature et de l'*humanité.* »

Voyons ce que l'organe de John Bull entend par humanité.

« Nous considérons tous ceux qui se sont rendus complices de ces crimes, *ne fût-ce même que de loin*, comme tombés au-dessous du ni veau de l'*humanité*, comme appartenant à la classe des bêtes brutes, et destinés à être assommés et foulés aux pieds... »

Ainsi, il faut assommer et fouler aux pieds, non pas les coupables, non pas les complices directs, mais les complices éloignés, c'est-à-dire, dans le langage anglais, tous ceux qui, par pensée, ont pu être indirectement avec l'insurrection... Si on commence par assommer ceux-là, que fera-t-on aux autres ?.. On ressuscitera pour eux toutes les tortures du moyen âge... mais continuons notre citation.

« L'humanité ne peut exister que vis-à-vis de ce qui est humain, et non vis-à-vis de ce qui est bestial. Dans cette catégorie se trouvent les indigènes impliqués, *d'une manière quelconque*, dans ces crimes. Il faut leur faire comprendre que nous les considérons comme tels ; il faut également se saisir de cette occasion pour faire comprendre aux musulmans fanatiques que s'ils croient de leur devoir d'extirper les chrétiens, les femmes et les enfants, nous aussi nous croyons de notre devoir d'extirper les misérables qui professent une pareille doctrine... et nous nous mesurerons avec eux sur ce point...

« *Nos soldats n'attendront pas nos encouragements* pour recourir aux mesures *les plus rigoureuses*, et il n'est même pas probable que nos recommandations leur parviennent avant que l'*affaire soit faite en grande partie*. Les employés civils d'un autre côté qui sont chargés de fonctions militaires, celles de maintenir l'ordre dans des villes pleines de conspirateurs et qui ont des motifs de craindre une explosion à tout moment, sont généralement à la hauteur de leur mission. Cependant nous pouvons dire que nous préférerions laisser la conduite des affaires *aux officiers de l'armée qui ne reculent devant aucune responsabilité.* »

Le *Globe*, autre journal anglais, va nous dire comment en effet ces *braves* officiers n'ont reculé devant aucune responsabilité. Racontant la prise de Delhi, d'après un témoin oculaire, officier lui-même, il dit : « *Tous les habitants de la ville* qui s'y sont trouvés, au moment où nos troupes sont entrées, *ont été passés par les armes*, le nombre en a été considérable. Il y avait des maisons où quarante et cinquante personnes se tenaient cachées. Ce n'étaient pas des rebelles, *mais des résidents*, qui avaient espéré le pardon, *ils ont été désappointés...* »

Ainsi ce n'est rien d'avoir fait une guerre de sauvages comme l'histoire n'en avait plus enregistré depuis Gengis-Khan et Timour-Lang, d'avoir fait la chasse à l'homme et, dans la fureur du combat, mitraillé les enfants à la mamelle sur le sein de leur mère, *élevé des kilomètres de potences* sur toutes les routes, aux abords des villages et des villes. Les habits rouges ont passé par les armes *tous les habitants et résidents non rebelles* (ce sont eux qui l'avouent) de Delhi ; ce fut un massacre en règle de plus de cinq cent mille habitants. Pas une maison ne fut épargnée, pas un enfant, quel que fût son âge ou son sexe, pas un vieillard, pas une femme ne trouvèrent grâce... Les jeunes filles étaient violées et éventrées... Ivres de gin, de soleil et de sang, les soldats arrachaient les fœtus des entrailles des mères et laissaient les malheureuses dans le sang, sans les achever... A Cawnpoor, les Ecossais massacrèrent toutes les femmes avec les raffinements de la plus atroce cruauté, pour venger, prétendirent-ils, la fille du général Weeler qui avait trouvé la mort dans l'insurrection.

Et comme John Bull est heureux dans ses expressions.

« Tous les habitants et résidents *non rebelles* avaient espéré le pardon (le pardon de quoi, puisqu'ils ne s'étaient pas révoltés), ils ont été désappointés... »

On les massacrait, on les mitraillait, on les éventrait, on les violait... et ils se permettaient d'être désappointés... Oh ! John Bull, quel superbe grammairien, quel admirable linguiste tu me fais... Quand tu égorges, tes victimes sont simplement désappointées, quand tu voles une province, elle est simplement vexée...

A ceux de mes compatriotes qui pourraient croire que j'exagère, bien que je n'aie cité que des documents anglais, je répondrai en rappelant ici le jugement prononcé sur la conduite des Anglais dans l'Inde, par les *Débats*, ce journal si modéré dans son langage, si juste dans ses appréciations, et dont la bienveillance pour l'Angleterre et ses institutions est bien connue.

L'article porte la date du 24 octobre 1857.

« Ces emportements furieux, également incompatibles avec la raison calme, les sentiments élevés et la dignité d'un grand peuple, ne relèveront pas l'Angleterre dans l'estime et la sympathie de l'Europe. Il y a plusieurs siècles que les guerres d'extermination sont finies, et oubliées dans le monde civilisé, les peuples modernes en ont désappris les instincts, les procédés, le vocabulaire sauvage ; aucun d'eux n'a le droit ni la puissance de remettre ce langage, ces procédés, ces instincts en pratique et en honneur, aucun ne peut en relever le drapeau sanglant et hideux sans exciter la réprobation et l'horreur universelles. »

Et maintenant que les bons journaux de la

bonne Cité de Londres continuent à me faire injurier à deux pences la ligne dans les bas-fonds de leur rédaction, ils ne m'empêcheront pas, je le leur ai déjà dit, d'arracher le masque hypocrite de générosité, de désintéressement et d'humanité dont leurs compatriotes, pour donner le change à l'Europe civilisée, essayent constamment de voiler leurs spoliations, leurs attentats... Ils ne m'empêcheront pas, moi qui ai vu les traces de sang, qui ai entendu les cris des victimes, et qui me suis assis sur les ruines, de dire à l'Angleterre avec un des siens : (1)

How thy great name is every where abhorred !

« Combien ton grand nom est partout abhorré ! »

. . . .

Sur le soir Ram-Chondor, fidèle à sa promesse, vint me chercher pour me conduire dans la partie de son palais réservée aux femmes.

— Ainsi que cela était convenu, me dit-il, je t'ai annoncé comme un grand mestri (médecin) de ton pays, soignant surtout les enfants.

Je ne m'attendais pas à la surprise qui m'était réservée.

Je fus introduit dans un salon uniquement

1. Lord Byron.

garni à la manière indoue de tapis, de nattes, et de moelleux et épais divans. Les murs tout stuqués blanc, vert et or, avec des bordures de marbre, fouillées au ciseau comme de la dentelle, étaient d'une richesse incomparable.

Inutile de dire que je pénétrai dans ce sanctuaire avec un vif sentiment de curiosité. Une vingtaine de jeunes femmes se tenaient accroupies sur les divans, ayant la plupart un ou deux bébés de différents âges, tenus près d'elles, par leurs ayas ou suivantes.

J'avais à peine fait un pas dans ce somptueux harem, émerveillé par l'étrange et irritante beauté de ces jeunes femmes dont la bonne moitié n'avait pas dix-huit ans, et l'autre eût été à peine nubile en Europe, que j'entendis une voix fraîche, et du plus pur accent de la Tamise, me saluer de ces paroles :

— *Gentleman, I have the honour to wish you good day.*

(Monsieur, j'ai l'honneur de vous souhaiter le bonjour.)

Je me hâtai de répondre par une formule identique et je regardai vivement mon interlocutrice, en me demandant, avec un certain étonnement, comment il pouvait se faire qu'une femme indoue pût parler l'anglais avec un tel accent.

Ma surprise dura peu... J'avais en face de moi une jeune miss que les hasards d'une vie aventureuse avaient fait échouer dans le harem d'un rajah.

Expédiée à Calcutta par la Société évangélique pour servir de compagne à quelque clergyman, elle était arrivée, après quatre mois de traversée sur un navire à voiles, et d'intimité avec le capitaine, bien décidée à ne jamais être la mère des dix à douze enfants de l'honnête *missionary* à qui on la destinait. Elle était belle de cette beauté anglaise qui se compose de lait sur la peau et d'or dans les cheveux, avec de vilaines dents, de grands pieds, une poitrine oubliée, et cet air mi-insolent, mi-rêveur que revêtent en général sur le *continent* les femmes de cette race lymphatique et scrofuleuse, qui s'épanouit sous le ciel brumeux d'Albion.

De chute en chute notre Anglaise avait fini par échouer dans le harem d'un rajah, et je dois dire que Ram-Chondor ne paraissait pas peu fier de posséder une des filles de la nation qui lui avait volé le trône de ses ancêtres. Pour ma part j'aurais trouvé la compensation des plus médiocres.

Il n'est pas rare de voir les Anglaises, dans l'Inde, profiter de l'orgueil des riches Indous pour faire payer très cher des faveurs qui n'ont pas cours sur la place européenne.

Miss Ketty, pour lui donner le seul nom qu'elle ait voulu m'avouer, ne se fit point prier pour me dire que Ram-Chondor était un homme fort galant et qu'elle était de tout point satisfaite de son sort, bien qu'elle fût obligée, comme toutes les autres femmes, de se soumettre à la coutume qui leur interdit de sortir du gynécée avant le jour suprême où on les conduit à leur dernière demeure.

Je sténographie la conversation que nous eûmes tous deux, en présence des autres femmes, qui nous regardaient avec de grands yeux étonnés, et paraissaient surprises au plus haut point de nous voir nous servir d'une langue qu'elles ne comprenaient pas. Au début j'allais lui parler en anglais, mais m'adressant immédiatement la parole dans ma langue maternelle :

— Parlons français, me dit-elle, vous serez plus libre dans vos questions et moi dans mes réponses, le Peischwa en dehors de l'hindoustani ne comprend que l'anglais.

— Voyons, lui dis-je, me permettez vous de diriger notre entretien au gré de ma curiosité ?

— A votre aise, me répondit-elle.

— Est-il bien vrai, ainsi que vous venez de

me le dire, que vous vous trouviez parfaitement heureuse dans le harem du rajah ?

— Je vous ai parlé franchement.

— Cependant votre passé, votre éducation, les idées qui ont dû vous être inculquées en Europe, tout devrait vous éloigner de ce genre d'existence, ou tout au moins vous empêcher d'y trouver le bonheur.

— Vous vous trompez étrangement, et comme on voit que vous n'avez pas l'esprit pratique !

— Expliquez-vous.

— Rien n'est plus facile... C'est un auteur français, votre immortel Jean-Jacques, qui a dit que le premier besoin de l'homme était d'être heureux.

— « Il faut être heureux, cher Émile ! »

— C'est cela, la forme s'était envolée, mais l'idée m'était restée. Eh bien ! cette phrase dont la pensée du reste s'adapte merveilleusement à notre caractère national, légèrement teinté d'égoïsme, était devenue ma devise depuis l'âge de quatorze ans. Sixième enfant d'un pauvre *clerk*, employé aux écritures à la Société évangélique des missions étrangères, je n'avais d'autre avenir que celui de mes pareilles dans une telle classe ; je devais, comme mes sœurs, épouser un pauvre diable, gagnant vingt-cinq *schellings* par semaine, et remplir sa maison de misère et d'enfants. Dès que je fus en âge de penser, ma petite tête se mit à travailler sur mon oreiller et je me jurai tout bas chaque soir, comme conclusion à mes réflexions, de ne jamais me mettre cette corde au cou. Je compris que je ne trouverais qu'aux colonies l'occasion si ardemment rêvée de tenter la fortune. Aussi aux premières ouvertures de mariage qu'on me fit, je déclarai que mon intention était de n'épouser qu'un *missionary*. La Société évangélique expédie à tous les prédicants des femmes que les pauvres diables n'ont pas le temps de venir chercher en Angleterre, je me fis inscrire et c'est comme cela que je fus transportée aux Indes. En arrivant à Calcutta j'envoyai promener mon futur qui était venu me réclamer comme un colis, assisté d'un autre chapelain qui devait séance tenante bénir notre union, et je tentai les aventures. Le capitaine qui m'avait transportée voulait me *continuer* ses hommages, je le dédaignai comme trop mince gibier, et je préférai tout attendre de mon habileté et du hasard. J'ai été successivement institutrice, *nurse*, dame de compagnie, et finalement me voilà !...

— Me permettez-vous une question indiscrète ?

— Je vous permets toutes les indiscrétions.

— Est-ce par amour que vous vous êtes donnée au rajah ?

— Pas plus que lui-même ne m'a prise par amour... Vous connaissez bien la vanité des Orientaux... Avoir une Anglaise dans son harem, tout est là pour lui.

— Qu'espérez-vous de cette situation ?

— Je vais vous le dire. Je puis sortir quand je voudrai du harem du rajah, ou y rester jusqu'à la fin de mes jours.

— C'est le premier parti que vous prendrez sans doute ?

— Vous l'avez dit : Ram-Chondor n'osera ni me renvoyer ni me retenir malgré ma volonté. Mais je n'ai pas accepté mon existence actuelle sans esprit de retour et mon ambition ne s'est pas bornée à échouer dans le gynécée d'un prince indou. Depuis quatre ans que j'ai franchi le seuil de cette demeure, chaque année j'ai envoyé à la Banque d'Angleterre un lac de roupies — deux cent cinquante mille francs. — J'attendrai quatre années encore, je n'ai que vingt-deux ans, à vingt-six je quitterai l'Inde à la tête de deux millions de fortune, et je pourrai vivre à ma guise où il me plaira.

— Vous êtes une femme pratique.

— Je suis simplement une femme qui ne déguise pas ses projets sous d'hypocrites protestations... Je ne suis point arrivée ici par force, je ne crierai pas contre l'abandon de mon premier amant, mon premier amant décrotte les bottes au coin de Leicester-Square, et je l'ai quitté comme toutes les femmes quittent leur premier amant, furieuses de voir que le sacrifice de leur virginité ne leur a point donné ces ineffables plaisirs qu'elles avaient rêvés pendant les tièdes insomnies d'une nuit de printemps.

— C'est profond ce que vous me dites là...

— C'est l'exacte vérité... A de rares exceptions près la femme en veut à celui qui est cause de sa première chute et qui, presque jamais, n'a su faire jaillir l'étincelle... Le véritable amant, c'est le second; c'est le second qui ravit le feu de Prométhée, le second qui vous paye votre virginité volée par le premier... le second que l'on aime.

— Vous êtes une physiologiste distinguée.

— Je continue à être franche, voilà tout. Le capitaine qui m'a conduite de Liverpool à Calcutta a été ce fameux second, le seul dont le cœur de la femme garde le souvenir.

— Et vous l'avez aimé ?

— A la folie.

— Pourquoi l'avez-vous quitté ?

— Parce qu'il n'avait à m'offrir qu'une vie de privation dans quelque port de la côte anglaise et un enfant à chaque retour de l'Inde; autant aurait valu épouser le clergyman.

— Vous êtes une femme de tête.

— Nous autres Anglaises nous ne perdons jamais la tête que trois minutes en amour... Donc dans quelques années je serai riche, nul être qui a besoin de gagner sa vie ne peut être indépendant, il n'y a pas de bonheur possible sans l'indépendance, et comme le premier besoin de l'homme est d'être heureux...

— Toujours votre devise.

— Toujours... J'ai choisi dans la vie le chemin qui devait me conduire le plus rapidement à l'indépendance.

— Mais si vous n'aviez pas trouvé le rajah?

— J'aurais attendu... Une femme *qui se garde* trouve toujours l'occasion désirée...

Je n'ai pas voulu enlever un seul mot à cette partie de notre conversation dont les principaux traits caractérisent admirablement la femme anglaise dont la tête sait toujours dominer le cœur et les sens. L'amour qui ne rapporte rien... qui ne paye pas, pour me servir d'une vieille expression anglo-saxonne, est vite considéré par elle comme une mauvaise affaire qu'il faut se dépêcher de liquider.

Les compagnes de harem de miss Ketty nous regardaient toujours avec leurs grands yeux étonnés, elles étaient à ce point influencées par ma présence, qu'il me fut aussi impossible d'obtenir un seul mot d'elles que de leurs babys qui se cachaient tout effrayés sur le sein de leurs ayas. J'eus pitié d'elles, et sur un mot que je dis à Ram-Chondor, pour terminer leur supplice, il leur fit comprendre qu'elles pouvaient se retirer dans l'intérieur des appartements.

Je restai seul avec le rajah et sa favorite anglaise qui nous fit servir, en guise de boisson, un mélange de thé glacé et de champagne frappé que je trouvai excellent.

A ma demande, miss Ketty me parla de ses compagnes. D'après elle ces jeunes Indoues étaient très douces de caractère, un peu capricieuses, mais à la manière des enfants, c'est-à-dire sans grand entêtement, en raison de la mobilité de leurs impressions, qui, à chaque instant, portait leurs désirs sur les choses les plus futiles.

— Habituées à les partager, elles étaient peu jalouses des faveurs du maître, mais malheur à lui s'il donnait à l'une un bout de ruban de plus qu'à l'autre, la guerre était allumée, et il ne fallait rien moins qu'un cadeau semblable à toutes pour la calmer.

Ces pauvrettes étaient d'une ignorance dont on se ferait difficilement une idée. Forcée par les préjugés et les mœurs à ne jamais sortir du harem, toute femme qui a mis une fois les pieds dehors n'y peut plus rentrer. N'apercevant la campagne que de loin, sur des terrasses élevées, où on ne les conduit qu'après le coucher du soleil, elles ne se font nulle idée des choses les plus simples. Ainsi elles n'ont jamais vu l'eau que dans leurs fontaines, leurs bains, et les jets d'eau qui rafraîchissent les appartements. Elles ne savent comment pousse le riz, comment on cultive et tisse la soie ou le coton, elles n'ont jamais vu pendant aux arbres la plupart des fruits qu'elles mangent, etc... et leur vie se passe du matin au soir à se peigner, se baigner, prendre soin de leur corps, manger des friandises, se disputer un peu et faire la sieste. J'ai pu m'assurer dans une foule d'autres occasions que les vices féminins qui souillent les harems turcs n'existent pas dans ceux de l'Inde. Il est rare du reste qu'un rajah ait plus de quatre ou cinq femmes; toutes alors sont à peu près également favorisées et leur jeunesse s'écoule tout entière dans les soins de la maternité, ce qui, en occupant leur cœur, ne leur laisse pas le temps de pervertir leurs sens. Toutes les autres femmes des gynécées indous ne sont que des suivantes qui sont libres de quitter le palais et de se marier.

Je pris congé de miss Ketty à une heure assez avancée en la remerciant de sa complaisance et surtout de sa franchise. En somme, au point de vue indou, ma visite n'avait eu ni les charmes, ni l'étrangeté que je lui avais attribués d'avance.

Ram-Chondor m'accompagna dans mes appartements, il voulait passer avec moi la dernière soirée que je pouvais donner à Benarès.

Avec lui la conversation prit une autre tournure.

Après une foule de préambules, de réticences et de longues hésitations, il finit par me demander si je croyais que l'envahissement de l'Inde par la Russie fût encore bien éloigné.

La question du rajah détrôné ne m'étonna pas en elle-même, car je savais que tous les Indous sont depuis un siècle habitués à cette idée, de voir les Russes franchir l'Indus, par les émissaires de Saint-Pétersbourg ; mais cette croyance à une réalisation prochaine de ce projet me surprit et je cherchai à en pénétrer l'origine. Mon hôte qui connaissait la haine que je porte aux dominateurs de son pays se décida à m'expliquer sa pensée.

— Il y a environ quatre-vingts ans, me dit-il, mon père, qui était encore roi et chef de la confédération mahratte, reçut comme le plus haut des rajahs encore indépendants, la visite d'un agent de la Russie, lui annonçant que les troupes de ce dernier pays et celles de la France allaient chasser les Anglais de l'Inde ; il promit son appui, et j'ai lieu de croire que les autres l'imitèrent. Cet envoyé secret leur laissa à tous les portraits des deux chefs Franguis (Européens) qui s'étaient alliés pour cette expédition.

— Ton père a-t-il conservé ces portraits ? fis-je en l'interrompant.

— Il me les a légués comme un souvenir et une espérance de voir sa famille reconquérir sa splendeur, car à sa mort les Anglais lui avaient déjà ravi les trois quarts de ses États.

— Pourrais-tu me les montrer ? fis-je avec un sentiment de curiosité que l'on comprendra.

— Volontiers, suis-moi.

Arrivés dans la pièce de son palais que le Peischwa consacrait à la garde de ses objets de curiosité, il me montra deux portraits peints sur ivoire, et d'une ressemblance frappante, c'étaient ceux de Paul Ier, empereur de Russie, et de Napoléon, alors premier consul.

J'avais longtemps douté que ce projet d'envahir l'Inde de concert avec la Russie, dont Napoléon parle souvent dans ses Mémoires de Sainte-Hélène, ait existé autrement qu'à l'état de vagues pourparlers ; la confidence de Ram-

Chondor montrait qu'on avait été fort loin dans la préparation des voies et moyens.

Je répondis au rajah que malgré mon vif désir de voir les Russes descendre des hauteurs de l'Afghanistan dans les plaines du Gange, il m'était impossible de répondre sérieusement à sa demande, car nul ne pouvait prévoir le moment où le cabinet de Saint-Pétersbourg se croirait assez prêt pour tenter cette grande aventure.

Mon interlocuteur ne me cacha pas que les rajahs détrônés et leurs nombreux parents et alliés appelaient de tous leurs vœux la venue des Russes : Ce sera notre vengeance, me dit-il avec un étrange sourire, qui montrait qu'il n'était pas aussi résigné qu'il voulait le paraître devant les oppresseurs de son pays.

Je dois dire du reste que dans l'Inde entière j'ai trouvé enracinée cette croyance que tôt ou tard les Russes seraient les vengeurs des Indous, et je puis affirmer que les premiers Cosaques qui passeront la frontière seront accueillis comme des libérateurs et que ce sera le signal d'un soulèvement général.

J'ai eu plus tard la preuve absolue que Paul Ier et Napoléon s'étaient entendus pour l'envahissement de l'Inde anglaise, et que la mort seule de l'autocrate russe a empêché la réalisation de ce vaste projet qui tuait l'Angleterre comme nation et changeait pour des siècles le cours de la politique européenne.

On sait que Paul Ier est mort assassiné... et que le cabinet de Saint-James ne s'est jamais lavé des soupçons qui planèrent sur lui à cette occasion. La chancellerie russe conserve précieusement le plan de l'expédition qui fut rédigé à cette époque et arrêté entre Pétersbourg et Paris, avec les objections de Napoléon et les réponses de l'empereur de Russie.

Voici cette pièce qui m'a été communiquée et que je crois fort rare. Je ne sais même si les archives françaises en ont gardé trace. Je la copie telle quelle :

Projet d'une expédition dans l'Inde par terre.

PROJET RUSSE

I

But de l'expédition.

Chasser sans retour les Anglais de l'Indoustan, délivrer ces riches et belles contrées du joug britannique, ouvrir de nouvelles routes à l'industrie et au commerce des nations civilisées de l'Europe et à la France en particulier. Tel est le but d'une expédition digne d'immortaliser la première année du dix-neuvième siècle et les chefs des gouvernements qui ont conçu cette utile et glorieuse entreprise.

II

Puissances qui doivent y concourir.

La République française et l'empereur de Russie, pour envoyer sur les bords de l'Indus une armée combinée de soixante-dix mille hommes.

L'empereur d'Allemagne pour donner passage aux troupes françaises et leur faciliter les moyens de descendre le Danube jusqu'à son embouchure dans la mer Noire.

III

Du transport d'Astrakan à Astrabad d'une armée russe de trente-cinq mille hommes.

Du moment où le projet aura été définitivement arrêté, Paul Ier donnera des ordres pour qu'il soit ressemblé à Astrakan une armée de trente-cinq mille hommes, dont vingt-cinq mille de troupes réglées de toutes armes et dix mille Cosaques.

Ce corps d'armée s'embarquera de suite sur la mer Caspienne, et sera conduit à Astrabad, pour y attendre que l'armée française arrive.

Astrabad sera le quartier général des armées combinées; on y établira tous les magasins de guerre et de vivres; il deviendra le centre des communications entre l'Hindoustan, la France et la Russie.

IV

Route que tiendra l'armée française pour se rendre des bords du Danube aux bords de l'Indus.

Il sera détaché de l'armée du Rhin un corps de 35,000 hommes de toutes armes; ces troupes

14

seront embarquées dans des bateaux sur le Danube, et descendront ce fleuve jusqu'à son embouchure sur la mer Noire.

Arrivées au Pont-Euxin, les troupes passeront sur des bâtiments de transport fournis par la Russie, traverseront la mer Noire et la mer d'Azoff, et iront débarquer à Taganrok.

Ce corps d'armée doit ensuite côtoyer le Don en remontant la rive droite du fleuve, jusqu'à une ville des Cosaques nommée Piati-Izbianka.

Parvenue à ce point, l'armée traversera le Don, et voyagera par terre jusqu'aux environs de la ville de Tzaritzin, bâtie sur la rive droite du Volga.

Elle s'embarquera sur ce fleuve et le descendra jusqu'à Astrakan.

Là, les troupes s'embarqueront sur des navires marchands, traverseront dans toute sa longueur la mer Caspienne, et arriveront à Astrabad, ville maritime de la Perse.

Alors les Français ayant rejoint les Russes, l'armée combinée se mettra en marche, passera par les villes d'Hérat, de Férah, de Candahar, et atteindra bientôt la rive droite de l'Indus.

V

Durée du voyage de l'armée française.

Pour descendre le Danube jusqu'à son embouchure dans la mer Noire. . .	20	jours.
De l'embouchure du Danube à Taganrok.	16	—
De Taganrok à Piati-Izbianka. .	20	—
De Piati-Izbianka à Tzaritzin. .	4	—
De Tzaritzin à Astrakan. . . .	5	—
D'Astrakan à Astrabad. . . .	10	—
D'Astrabad au bord de l'Indus. .	45	—
	120	jours.

Ainsi l'armée française emploierait quatre mois pour se rendre des bords du Danube aux rives de l'Indus; mais, pour ne rien forcer, on suppose que le voyage durera cinq mois entiers; si donc l'armée part au commencement de mai 1801, elle doit être rendue à sa destination vers la fin de septembre.

On observe que la moitié du trajet sera faite par eau et l'autre moitié par terre.

VI

Moyens d'exécution.

En s'embarquant sur le Danube, l'armée française doit conduire avec elle ses pièces de campagne et leurs caissons.

Elle n'aura besoin d'aucun objet de campement.

La cavalerie, les troupes légères et l'artillerie ne doivent point emmener leurs chevaux; on embarquera seulement les selles, les harnais, les traits, les bâts, les brides, etc. Ce corps d'armée doit être approvisionné de biscuits pour un mois.

Des commissaires précéderont l'armée pour faire préparer et distribuer l'étape partout où il sera jugé nécessaire. Parvenue à l'embouchure du Danube, l'armée montera sur les bâtiments de transport fournis par la Russie, et approvisionnés de vivres pour quinze à vingt jours.

Pendant que l'embarquement se fera, des commissaires et des officiers d'état-major se rendront par terre et en poste, les uns à Taganrok et Tzaritzin, les autres à Astrakan.

Les commissaires envoyés à Taganrok se concerteront avec les commissaires russes pour régler la marche par terre de l'armée, depuis Taganrok jusqu'à Piati-Izbianka, pour préparer l'étape et faire les logements, enfin pour rassembler tous les chevaux et les voitures nécessaires au transport de l'artillerie et des bagages de l'armée.

Ces mêmes commissaires s'entendront avec ceux détachés de Tzaritzin pour réunir le nombre de bateaux qu'exigera le passage du Don, lequel, sur ce point, est un peu plus large que la Seine à Paris.

Les commissaires placés à Tzaritzin auront eu soin à l'avance :

1° De réunir sur trois ou quatre points, entre le Don et le Volga, tous les objets de campement et les vivres nécessaires à l'armée pendant sa marche ;

2° De rassembler, sous Tzaritzin, le nombre suffisant de bateaux pour embarquer l'armée française sur le Volga et la faire descendre jusqu'à Astrakan.

Les commissaires envoyés à Astrakan tiendront des navires prêts pour recevoir l'armée, et il sera embarqué des vivres pour quinze jours.

Lorsque l'armée française débarquera à Astrabad, elle y trouvera les objets ci-après, qui auront été rassemblés et préparés par les commissaires des deux gouvernements :

1° Des munitions de guerre de toute espèce et de la grosse artillerie; ces munitions peuvent être tirées des arsenaux d'Astrakan, de Casan, de Saratof, qui en sont abondamment pourvus;

2° Des chevaux de trait pour le transport de l'artillerie et des munitions de l'armée combinée;

3° Des chevaux de selle, pour monter la cavalerie française et les troupes légères;

4° Des voitures et des chevaux pour le transport des bagages, des pontons, etc. Ces chevaux pourront être achetés entre le Don et le Volga, chez les Cosaques et les Kalmouks : ils s'y trouvent en quantités innombrables, sont les plus propres au service dans les pays qui seront le théâtre des opérations militaires, et le prix en sera plus modique que partout ailleurs;

5° Tous les objets de campement nécessaires à l'armée française pendant sa marche jusqu'au bord de l'Indus et au delà;

6° Des magasins de drap, de toile, d'habits, de chapeaux, de casques, de gants, de bottes, de souliers, etc.

Tous ces objets se trouvent en grande abondance en Russie et à meilleur marché que dans les autres États d'Europe. Le gouvernement français peut traiter, pour ces fournitures, avec les directeurs de la colonie de Sarepeta, à six lieux de Tzaritzin, sur la rive droite du Volga ; cette colonie d'évangélistes, qui passe pour la plus riche, la plus industrieuse et la plus exacte à remplir ses engagements, a son chef-lieu en Saxe; c'est là qu'il faut obtenir des ordres pour que la colonie de Sarepeta se charge des fournitures ;

7° Une pharmacie approvisionnée de toutes espèces de médicaments.

Elle peut être fournie par la colonie de Sarepeta, où il existe depuis longtemps une pharmacie qui rivalise par la variété, la bonté des drogues avec la pharmacie impériale de Moscou ;

8° Des magasins de riz, de pois, de farines, de gruaux, de salaisons, de beurre, de vins, d'eaux-de-vie, etc.;

9° Des troupeaux de bœufs et de moutons.

Les pois, les farines, les gruaux, les salaisons, le riz et le beurre seront tirés de Russie. Tous les autres objets se trouvent abondamment en Perse.

10° Des magasins de fourrages, d'orge et d'avoine.

L'avoine sera tirée d'Astrakan, le pays donnera les fourrages et l'orge.

VII

Marche de l'armée combinée, depuis Astrakan jusqu'aux bords de l'Indus. — Mesures pour assurer le succès de l'expédition.

Avant le débarquement des Russes à Astrabad, des commissaires des deux gouvernements seront envoyés à l'effet de notifier à tous les khans et autres petits despotes des pays que l'armée devra traverser :

« Qu'une armée des deux nations les plus puissantes de l'univers, doit passer sur leur domaine pour se rendre aux Indes, que le seul but de cette expédition est de chasser de l'Indoustan les Anglais, qui ont asservi ces belles contrées, jadis si célèbres, si puissantes, si riches en production et en industrie, qu'elles attiraient tous les peuples du monde, pour prendre part aux dons et aux faveurs de tous genres, dont il avait plu au ciel de les combler ; que l'état horrible d'oppression, de malheur et de servitude sous lequel gémissent aujourd'hui les peuples de ces contrées, a inspiré le plus vif intérêt à la France et à la Russie, qu'en conséquence, ces deux gouvernements ont résolu d'unir leurs forces pour affranchir les Indes du joug tyrannique et barbare des Anglais ; que les princes et tous les États que doit traverser l'armée combinée n'ont rien à craindre d'elle ; qu'au contraire, ils sont invités à coopérer de tous leurs moyens au succès de cette grande entreprise ; que cette expédition est aussi juste que celle d'Alexandre qui voulait ouvrir le monde entier aux échanges de tous les peuples ; que l'armée combinée ne lèvera pas de contributions, achètera de gré à gré et payera comptant tous les objets nécessaires à sa subsistance, que la discipline la plus sévère la maintiendra dans le devoir ; que le culte, les lois, les usages, les mœurs, les propriétés, les femmes, seront partout respectés, etc... »

D'après une semblable proclamation et en agissant avec douceur, franchise, loyauté, il n'est pas douteux que les khans et les autres petits princes accorderont un libre passage dans leurs États respectifs ; d'ailleurs, divisés comme ils le sont tous entre eux, ils se trouvent trop faibles pour opposer une sérieuse résistance.

Les commissaires français et russes seront accompagnés par d'habiles ingénieurs qui lèveront la carte topographique des pays que l'armée combinée devra traverser, sur leurs cartes ils marqueront les lieux de campement, les rivières qu'il faudra franchir, les villes auprès desquelles l'armée devra passer, les points où le transport des bagages, de l'artillerie et des munitions pourrait éprouver quelques difficultés, en indiquant les moyens de surmonter les obstacles.

Ces commissaires traiteront avec les khans, les princes et les particuliers pour les fournitures de vivres, de chariots, etc..., signeront les traités, demanderont et obtiendront des otages.

Lorsque la première division française arrivera à Astrabad, la première division russe devra se mettre en marche ; les autres divisions de l'armée combinée suivront successivement à la distance de cinq ou six lieues l'une de l'autre, ces divisions communiqueront entre elles par de petits détachements de Cosaques.

Un corps de quatre à cinq mille Cosaques, mêlé avec de la cavalerie légère, des troupes réglées, formera l'avant-garde, les pontons doivent toujours la suivre immédiatement. Cette avant-garde jettera des ponts sur les rivières, en défendra les approches et veillera à la sûreté de l'armée, en cas de trahison, ou de quelques autres accidents.

Le gouvernement français fera remettre au général en chef de l'expédition des armes de la manufacture de Versailles, telles que fusils, carabines, sabres, pistolets, etc..., des vases et autres objets de la manufacture de Sèvres; des montres, des pendules des plus habiles artistes de Paris; de belles glaces, de superbes draps de France de différentes couleurs, comme écarlate, cramoisi, vert et bleu, qui sont les couleurs favorites des Asiatiques, et en particulier des Persans; des velours, des draps d'or et d'argent, des galons, des soieries de Lyon, des tapisseries des Gobelins, etc...

Tous ces objets distribués à propos, aux princes de ces contrées, et offerts avec la grâce et l'amabilité qui sont si naturelles aux Français, serviront à donner à ces peuples la plus haute idée de la munificence, de l'industrie et de la puissance de la nation française, et à ouvrir par la suite dans ces diverses contrées d'importants débouchés commerciaux.

Un corps choisi de savants et d'artistes en tout genre doit prendre part à cette glorieuse expédition, le gouvernement leur confiera les cartes et les plans qui peuvent exister sur les pays que devra parcourir l'armée combinée, ainsi que les mémoires et les ouvrages les plus estimés qui traitent de ces contrées.

Des aérostiers et des artificiers seraient très utiles.

Pour inspirer à ces peuples la plus haute idée de la France et de la Russie, il conviendra, avant que l'armée et le quartier général partent d'Astrabad, de donner dans cette ville quelques fêtes brillantes accompagnées d'évolutions militaires, comme dans les fêtes par lesquelles on célèbre à Paris de grands événements et de mémorables époques.

Toutes choses étant ainsi disposées, il n'y a point de doutes sur la réussite de l'entreprise; mais son succès dépendra de l'intelligence, du zèle, de la bravoure et de la fidélité des chefs auxquels les deux gouvernements confieront l'exécution du projet.

Aussitôt que l'armée combinée sera parvenue au bord de l'Indus, les opérations militaires devront commencer. On fait observer que les monnaies d'Europe, qui ont le plus de cours, qui sont le plus recherchées en Perse et dans les Indes, sont les sequins de Venise, les ducats de Hollande, les ducats de Hongrie, les impériales et les roubles de Russie.

— Le premier consul avait résumé de la manière suivante les demandes d'explication, et les objections que l'on pouvait faire à ce plan.

VIII

Objections.

1° Y a-t-il assez de bateaux pour transporter une armée de trente-cinq mille hommes sur le Danube jusqu'à son embouchure ?

2° Le Grand Seigneur ne consentira pas à laisser descendre une armée française par le Danube, et il s'opposera à ce qu'elle s'embarque dans des ports qui sont de la dépendance de l'empire Ottoman ;

3° Y a-t-il dans la mer Noire assez de navires et de bâtiments pour le transport de l'armée, et Paul Ier en a-t-il assez à sa disposition ?

4° Le convoi sorti du Danube ne courra-t-il point le risque d'être inquiété ou dispersé, par la flotte anglaise de l'amiral Keith, qui au bruit de cette expédition, franchissant les Dardanelles, entrera dans la mer Noire pour empêcher la sortie de l'armée française et la détruire ?

5° L'armée combinée étant réunie à Astrabad, comment pourra-t-elle aller jusqu'aux Indes, par des pays presque sauvages et dénués de ressources, ayant à parcourir une distance de trois cents lieues, depuis Astrabad jusqu'aux frontières de l'Indoustan ?

L'empereur Paul Ier répond aux objections de Napoléon avec une assurance que le succès eût certainement justifiée, surtout à une époque où l'Angleterre était moins forte aux Indes qu'aujourd'hui.

IX

Réponses.

1° Je crois qu'il sera facile de rassembler une quantité suffisante de bateaux, dans le cas contraire l'armée descendrait par terre jusqu'à Ibrahilof, port sur le Danube dans la principauté de Valachie, et jusqu'à Galatz, autre port sur le même fleuve, dans la principauté de Moldavie; alors l'armée française s'embarquerait sur les navires préparés et envoyés par la Russie et elle continuerait sa route;

2° Paul Ier obligera la Porte à faire tout ce qu'il voudra, ses forces imposantes feront respecter sa volonté par le divan;

3° L'empereur de Russie peut aisément rassembler dans ses ports de la mer Noire plus de trois cents navires et bâtiments de toutes grandeurs; tout le monde sait les accroissements que la marine marchande russe a pris dans la mer Noire;

4° Si M. Keith veut franchir le détroit, et que les Turcs ne s'y opposent pas, Paul Ier s'y opposera; pour le faire il y a des moyens plus efficaces qu'on ne le pense.

5° Ces pays ne sont point sauvages et arides, la route est ouverte et pratiquée depuis longtemps ; les caravanes arrivant ordinairement en trente-cinq ou quarante jours, des bords de l'Indus à Astrabad. Le sol n'est point couvert comme l'Arabie et la Libye de sables mouvants, il est arrosé presqu'à chaque pas par des rivières; les fourrages n'y manquent pas, le riz y abonde et forme la principale nourriture des habitants, les bœufs, les moutons y sont communs, les fruits délicieux.

La seule objection raisonnable que l'on puisse faire, c'est la longueur de la marche, mais cela ne doit pas faire rejeter le projet. Les armées française et russe sont avides de gloire, elles sont braves, patientes, infatigables; leur courage, leur persévérance et la sagesse des chefs vaincront tous les obstacles, quels qu'ils puissent être.

Un fait historique vient à l'appui de cette assertion.

En 1739 et 1740, Nadir Shah partit de Delhi avec une nombreuse armée pour faire une expédition en Perse et sur les bords de la Caspienne : il passa par Candahar, Ferah, Hérat, Mechehed, et il arriva à Astrabad ; toutes ces villes étaient considérables ; quoiqu'elles soient bien déchues de leur ancienne splendeur, elles en ont conservé une grande partie.

Ce qu'une armée *vraiment asiatique*, et c'est tout dire, fit en 1739 et 1740, certes on ne doutera point qu'une armée composée de Français et de Russes puisse l''exécuter aujourd'hui.

Les villes qu'on vient de nommer formeront les points principaux de communication entre l'Indoustan, la Russie et la France.

A cet effet il sera nécessaire d'organiser une poste de l'armée et d'y employer des Cosaques qui sont les plus propres à ce genre de service.

Tel est ce plan parfaitement conçu, et que Napoléon eût incontestablement exécuté, car aux trois grandes phases de sa vie politique, général, premier consul, empereur, il ne cessa de rêver la conquête de l'Indoustan.

Jusqu'en 1813 et pendant les conférences de Prague, il s'occupa constamment de la possibilité d'attaquer les Anglais dans leur empire d'Asie, et son ministre des affaires étrangères, le duc de Bassano, recueillait, pour les lui soumettre, les renseignements les plus précis que les voyageurs pussent fournir sur cette question.

Il est certain qu'une attaque aussi bien combinée, avec une armée Franco-Russe, commandée par un Soult ou tout autre général choisi par Napoléon, eût en moins de deux ans chassé les Anglais de l'Asie. C'en était fait de leur empire colonial, et ils seraient réduits aujourd'hui à être les charretiers des mers, et à faire fumer des stok-fish et des harengs dans leur île.

Il n'y avait pas à hésiter... et Pahlen, les poches pleines de sterlings anglais, assassina Paul Ier.

C'est également les craintes que Napoléon inspirait à l'Angleterre pour sa domination asiatique qui conduisirent ce dernier à Sainte-Hélène.

Conserver ses débouchés dans le monde, c'est pour l'Angleterre une question de vie ou de mort; sous peine de ne plus être qu'une misérable petite nation de pêcheurs et de caboteurs, il faut qu'elle supprime, coûte que coûte, tout obstacle apporté à l'extension de sa puissance dans l'extrême Orient.

Je sais bien qu'elle est toujours prête à prouver à tous les bons gogos cosmopolites que le budget des Indes se solde souvent en déficit... que l'Inde lui coûte de l'argent.

Répondez hardiment aux naïfs qui se payent de pareille monnaie :

Qu'il y a dans l'Inde deux cent cinquante millions de sujets britanniques;

Que l'Angleterre a tué dans l'Inde toutes les industries, manufacturant le coton, la soie, le fer, etc., pour forcer le pays à se borner au rôle de simple producteur; que, dans ces circonstances, l'Angleterre exporte de l'Inde toutes les matières premières, les transforme à Liverpool, à Manchester, à Birmingham, à Londres et dans les nombreuses usines qui couvrent le Royaume Uni, et les rapporte manufacturées dans l'Inde.

De là du travail pour toutes ses industries et toutes ses branches de commerce, et du fret à l'aller et au retour pour sa marine marchande.

En somme :

Vingt millions d'Anglais fournissent de toutes les choses nécessaires à la vie, à part la nourriture, deux cent cinquante millions d'Indous.

Il y a, en Angleterre, jusqu'à des usines qui fabriquent les dieux de bronze qui ornent les pagodes.

Je ne devrais même pas excepter la *nourri-*

ture des spéculations que les Anglais ont monopolisées à leur profit dans l'Inde.

Car un des actes de commerce que cet habile peuple de négociants renouvelle tous les ans, consiste à acheter les riz de l'Inde par grande masse, et à les exporter en Europe; puis, comme il ne reste plus à l'Inde assez de riz pour attendre la récolte prochaine, les Anglais ramassent du riz dans tous les ports de l'Indo-Chine, de la Cochinchine et de la Chine, et le revendent en hausse sur les marchés affamés *à dessein*.

Ceux qui n'ont pas assez d'argent pour subir cette hausse meurent de faim.

De là viennent les terribles famines qui, à la moindre sécheresse, désolent l'Inde.

Hurrah! tant pis pour les faibles, c'est le combat de la vie, *rule Britannia*...

Plus tard, nous ne verrons pas cela, mais il y en a qui le verront, et ce sera l'heure de la justice, un peuple se lèvera, la Russie probablement, qui coupera les vastes tentacules que la pieuvre britannique a étendues sur le monde, et ces superbes dominateurs des mers s'en iront où sont allés les marchands de Carthage, de la Phénicie et de Venise.

La Russie est, en effet, par sa position géographique, de tous les États du continent celui qui semble plus particulièrement destiné à servir d'entrepôt au commerce de l'Europe avec l'Asie centrale; aussi, depuis un siècle, marche-t-elle patiemment, mais sûrement, à la conquête de cette Asie centrale; elle dépasse déjà Khiva, et les Anglais qui à chaque pas russe opposent un pas anglais, sont à Caboul.

Il y a déjà un demi-siècle que ces deux puissances se dirigeaient vers le même but, vers ce but qu'elles n'ont atteint qu'hier.

En 1840, l'illustre Berryer, avec ces grandes vues du génie qui sonde l'avenir, parlant de l'intérêt qu'avait la France à ne pas se désintéresser de la question d'Orient, s'écriait à la Chambre :

« Cet intérêt, on ne saurait le nier. Voyez ce magnifique parallélisme politique et guerrier qui s'étend depuis les frontières de la Tartarie jusqu'aux rives de la Méditerranée, entre deux nations qui doivent lutter un jour l'une contre l'autre.

« Du fond du monde, jusqu'à nos rivages, l'Angleterre établit sa parallèle guerroyante contre la Russie, qui la menace sur les limites de ses magnifiques colonies de l'Inde.

« Considérez ces grandes expéditions à cinq cents lieues de leurs frontières, d'un côté l'expédition de Caboul, de l'autre la tentative de

Khiva. Voyez ces deux grandes nations marchant à travers le monde, pour établir leur ligne de précaution l'une contre l'autre.

« C'est pour cela que l'Angleterre veut la mer Rouge pour la sécurité de son passage, et si cela arrive au profit de cette puissance qui a Malte, qui a Corfou, que devient pour nous la Méditerranée? Sommes-nous dépossédés, oui ou non? N'en doutez pas, messieurs, la question d'Égypte est une question d'honneur et de dignité pour la France. »

Déjà, à cette époque, le gouvernement était pavé d'anglomanes, l'alliance anglaise devenait à la mode.

Et Berryer disait à ces piètres politiques, avec son éloquent bon sens :

« Là où est une rivalité, l'alliance est impossible; vous avez voulu un gouvernement de même nature; vous avez voulu porter l'activité des esprits sur les mêmes objets; vous avez les mêmes besoins, des besoins rivaux; vous ne pouvez, à moins de consentir à vous soumettre à ses projets, vous ne pouvez compter sur cette alliance. Le peuple anglais se présente comme dominateur, comme maître, comme créateur de toutes les inventions qui honorent l'esprit, l'intelligence humaine. Il disputera son ascendant, et la France voudra rivaliser parce qu'elle en a le droit et la puissance : l'alliance est donc impossible... »

Hélas! par une fatalité qui ne peut s'expliquer que par la profonde insuffisance des hommes politiques qui la gouvernent, la France, méconnaissant ces paroles prophétiques, n'a fait depuis cette époque que se traîner à la remorque des Anglais.

L'isthme de Suez est à peu près aujourd'hui entièrement dans les mains de l'Angleterre.

Grâce à l'abolition des capitulations en Egypte, abolition stupidement consentie par l'Assemblée nationale de 1875, et leur remplacement par des tribunaux cosmopolites où des juges prussiens et des juges anglais font la majorité, notre influence est perdue en Egypte.

La mer Rouge est un lac anglais, l'océan indien est un océan anglais.

Nous avons renoncé à soumettre Madagascar pour faire plaisir à nos bons et excellents alliés.

Nous avons abandonné la vieille politique de la France en Asie, pour ne pas déplaire à nos bons et excellents alliés.

Nous avons abandonné le port de Massoua pour ne les point chagriner.

Enfin, nous avons subordonné en tout et pour tout notre politique coloniale aux intérêts coloniaux de l'Angleterre. Nous avons fait la guerre de Crimée contre les intérêts français et pour elle.

Qu'est-ce que cela nous a rapporté ?

Notre bonne alliée nous a laissé écraser en 1870-1871, sans vouloir dire une seule parole, la parole qui pouvait nous sauver au moins l'humiliation d'une perte de territoire. Si elle avait dit aux Prussiens : Vous ne démembrerez pas la France, les Germains nous eussent volé un peu plus de pendules et extorqué un milliard ou deux de plus, et nous eussions conservé nos frères d'Alsace et de Lorraine.

Et c'est avec intention que l'Angleterre n'a pas dit ce mot, cette annexion de territoire français au territoire allemand servait sa politique égoïste et prévoyante.

Voici textuellement ce qu'un diplomate anglais, que j'ai connu à Calcutta, m'a répondu, un jour que je lui reprochais la féroce indifférence de l'Angleterre en cette occasion :

— « L'Angleterre, en politique, ne fait pas de sentiment ; en face de cette annexion nous connaissions assez le caractère français pour savoir qu'une paix sérieuse n'était pas possible entre les deux nations tant que les territoires conquis n'auraient pas fait retour à la France.

« Il y a donc pour un temps que nous ne pouvons prévoir, dix, vingt ans ou un siècle, une cause de discorde entre la France et l'Allemagne qui pèsera d'un poids énorme sur la situation de l'Europe, et empêchera ces deux puissances d'avoir une complète liberté d'action tant que cette querelle ne sera pas éteinte.

« C'est un boulet aux pieds des deux nations qui ne leur permettra pas de longtemps de risquer dans les affaires de politique générale l'inimitié de l'Angleterre.

« Or, quels que soient ses intérêts, la France en l'état n'osera jamais faire franchement, carrément, l'alliance russe, la seule cependant qui serait conforme à une ligne politique vraiment française, par crainte de voir l'Allemagne et l'Angleterre s'unir contre elle.

« D'un autre côté, l'Allemagne, avant de contrecarrer par trop la politique anglaise, devra réfléchir qu'une action résolument anglo-française changerait la face de bien des choses en Europe.

« Donc, en face d'une situation que nous n'avons pas créée, bien mieux, que nous prévoyions et que nous avons cherché à prévenir de toute la force de nos conseils, en vous dissuadant de faire la guerre à l'Allemagne, nous n'avions plus, une fois les adversaires aux prises, qu'à observer, pour que nos intérêts ne fussent en rien lésés dans la lutte.

« La paix telle que vous avez été forcés de la subir, telle que vos vainqueurs ont eu la naïveté politique de vous l'imposer, faisait mieux notre affaire en paralysant pour longtemps les forces des deux peuples, que dix victoires que nous eussions remportées sur l'Allemagne et sur la France. Nous n'avions donc pas à intervenir pour changer un état de choses si conforme à tous nos intérêts, et qui donnait à nos projets politiques de l'avenir une liberté d'allures qu'ils n'auraient pas eue sans cela.

« Ainsi, voyez bien le résultat :

« Une alliance germano-russe contre l'Angleterre est impossible :

« 1° Parce que l'Allemagne et la Russie ne s'entendront ni sur le Danube ni dans le Bosphore. M. de Bismark a mis les pieds dans la question d'Orient, et les lourds pieds germains ne s'en dépêtreront point facilement. Dans tous les cas, les voilà les adversaires, tout au moins les rivaux des Russes;

« 2° Parce qu'avant de tenter une alliance germano-russe, les Allemands sont obligés de se demander si la France, par ses intérêts, ne sera pas forcée de faire l'alliance anglaise.

« La France, dont toute la politique européenne est désormais rivée à la reprise de l'Alsace-Lorraine, ne peut nous contrecarrer dans l'extrême Orient, ni s'allier à la Russie, à cause de l'Allemagne.

« L'Autriche est obligée de louvoyer entre ses puissants voisins.

« Quant à l'Italie et à l'Espagne, elles n'ont pas de politique étrangère qui puisse beaucoup nous gêner.

« Vous voyez ce que nous aurait coûté notre intervention en votre faveur : nous eussions rendu plus nette, plus ferme, plus claire une situation générale qu'il est beaucoup mieux de nos intérêts de voir rester obscure, embrouillée et sans solution immédiatement pratique. Le dernier des Anglais, habitué à discuter les affaires de son pays, voyait cela aussi clairement que je vous l'expose, et le ministère qui ne se fût pas conformé à cette politique qui était l'expression de la volonté de tout le peuple anglais, n'eût pas conservé la majorité vingt-quatre heures dans les chambres.

« Ne nous en veuillez donc pas de la conduite que nous avons tenue. Elle nous a été dictée par les circonstances ; et cette parole que vous nous reprochez de n'avoir point dite, nous ne la pouvions pas dire sans oublier toutes les traditions de la politique anglaise, uniquement basée, non sur des intérêts de circonstance, non sur des intérêts d'amitié, non sur des intérêts même humanitaires, mais sur des intérêts exclusivement anglais.

« Il en a été autrement lorsque, dans les pourparlers de paix, les Allemands firent intervenir, à titre de ballon d'essai, la demande de la cession de la moitié de la flotte française et de la colonie de Pondichéry. Là, notre intérêt voulait que la Prusse ne pût pas, d'un trait de plume, augmenter sa marine dans une telle proportion, et posséder une colonie aux portes de nos possessions de l'Inde; aussi avons-nous parlé haut... si haut et si ferme qu'il n'en a plus été question. »

Je voudrais que tous mes compatriotes pussent entendre parler les Anglais quand il leur arrive d'avoir de pareils accès de franchise, cela leur apprendrait à quel point il faut compter sur l'alliance de nos voisins.

J'ai bien peur que le pli en soit tellement pris que notre jeune République ne trouve encore rien de mieux à faire qu'à se jeter dans les bras de nos éternels adversaires.

Au congrès de Berlin, M. Waddington n'a fait qu'emboîter le pas à lord Beaconsfield.

Et M. Gambetta, le chef occulte de notre oligarchie opportuniste, semble avoir été gagné à l'Angleterre par l'amabilité du prince de Galles.

Waddington et Gambetta, deux étrangers, un Anglais et un Italien, qui ont eu besoin de faire leur option de nationalité à vingt et un ans. Depuis Concini et Mazarin, les étrangers ne nous ont pas porté bonheur : il n'y a donc plus de vieux sang gaulois sur ce sol, que nous ayons besoin tantôt des politiciens anglais; tantôt des comédiens italiens ?

Faites l'alliance anglaise, messieurs, faites l'alliance anglaise ; la France, depuis deux siècles, doit à cette nation la perte de ses colonies, toutes ses chutes, tous ses malheurs, vous trouverez ainsi le moyen de lui faire perdre encore quelque chose...

Je ne saurais trop le répéter : il faut que les hommes politiques qui, dans l'avenir, — car nous n'avons rien à espérer du présent — dirigeront les relations extérieures de la République française, se persuadent bien de cette vérité, qu'il n'y a dans toute l'Europe que l'alliance russe qui soit favorable à la France, qui soit d'accord avec nos intérêts. Et quand je dis que nous n'avons rien à espérer du présent, j'exprime une opinion basée sur ce fait, que nos politiciens actuels sont des hommes de parti qui, dans leurs luttes mesquines, n'ont ni le temps ni la science et l'expérience nécessaires pour suivre une politique vraiment nationale, vraiment française.

Il est hors de doute qu'il est de l'intérêt absolu de la Russie de s'étendre dans l'Asie centrale pour la protection et l'extension de son commerce, c'est un droit que l'Angleterre ne pourra jamais lui contester, car la Russie est chez elle, et si, dans un avenir peu éloigné, le développement parallèle des deux puissances prenait un caractère plus accentué d'hostilité, la faute n'en serait pas à la Russie, mais bien à l'Angleterre.

La Russie ne peut pas, pour plaire à cette dernière, renoncer à son rôle traditionnel et surtout naturel.

A cette question posée aux deux puissances :

— Qu'allez-vous faire dans l'Asie centrale? La Russie seule pourrait répondre : — Moi, je suis chez moi, et je chasse sur mon propre terrain.

Il n'est donc pas au pouvoir de l'Angleterre d'arrêter la marche des événements en Asie; elle ne pourrait que s'y associer, si sa politique égoïste et alouse n'avait pas pour but d'exclure toutes les nations européennes du partage des richesses asiatiques.

Là est le vice radical de la politique anglaise, et la perte de cette nation de marchands viendra précisément de ce système d'exclusion.

Les nations, comme les individus, s'abusent parfois sur leur valeur réelle, se laissent aller au courant des habitudes et de la routine, caressent certains préjugés vaniteux et s'accoutument à regarder comme un droit ce qui n'a été que le résultat de la tolérance ou de l'insouciance des autres nations. Ainsi, les Anglais regardant la mer et l'Asie comme leur domaine, et les spéculations basées sur une exportation illimitée de leurs produits comme un privilège, s'étonnent, s'alarment et s'offensent même au besoin avec un naïf égoïsme de toute tentative de concurrence. C'est là l'écueil contre lequel viendra peut-être se briser l'avenir de l'Inde britannique.

Il est toujours plus aisé de détruire que d'édifier, et, par une conséquence inévitable de ce principe, il sera toujours comparativement facile de s'entendre pour renverser une domination qui n'aura pas su se ménager d'alliances solides au dehors, et au dedans l'affection et la reconnaissance des peuples conquis.

L'existence de l'empire russe a été toute militaire jusqu'à ce jour et elle le sera longtemps; quand elle ne guerroie pas contre la Turquie, son ennemie héréditaire, ses armées sont constamment en mouvement sur toutes ses frontières asiatiques.

La Russie a besoin de la guerre, et au premier prétexte que lui fournira l'Angleterre, elle ébranlera l'Asie. Pierre le Grand a dit :

« Il faut maintenir l'empire dans un état de guerre perpétuelle... se pénétrer de cette vérité que le commerce des Indes est le commerce du monde, et que celui qui en peut disposer exclusivement est le maître de l'Europe. »

Il est de l'intérêt de l'Europe entière, mais surtout de l'intérêt absolu de la France, que la Russie tienne l'Angleterre en échec dans l'extrême Orient.

Notre pays devra profiter de toutes les occasions où l'Angleterre sera occupée dans l'Afghanistan et le long de cette parallèle double anglo-russe, signalée déjà par Berryer en 1840, pour étendre son action sur toute la Cochinchine, l'Annam, Siam, le Tonkin, et forcer la Chine même à accepter notre protectorat... Des débouchés, des débouchés, tel est le meilleur, le seul moyen de relever notre marine marchande et notre commerce d'exportation.

En sachant profiter habilement des rivalités anglo-russes, avant vingt ans notre pays pourrait se tailler, sur les rives du Saïgon, du Mekong, du fleuve Rouge, un immense empire colonial de trois cents millions de sujets, qui permettrait de donner du travail à tous les bras, à toutes les usines, à tous les navires, et des positions à tous nos déclassés, qu'on détournerait de la rue et de la politique.

C'est dans les innombrables fonctions civiles et militaires de l'Indoustan que l'Angleterre envoie tous ses cadets de famille, et leur donne ainsi les moyens de s'enrichir rapidement.

En agissant ainsi, la France se procurerait pour de longs siècles la prospérité commerciale, mais surtout la sécurité politique et sociale qui lui font défaut depuis si longtemps.

Si, en 1854, au lieu d'aller naïvement en Crimée pour des intérêts exclusivement anglais, la France eût su faire l'alliance russe, et aider son alliée à aller à Constantinople, nous eussions reçu comme compensation la Syrie et l'Égypte; Tripoli, Tunis, le Maroc, n'existeraient plus, la Méditerranée serait vraiment aujourd'hui un lac français.

La politique des nationalités et de complaisance envers l'Angleterre nous a tués; elle a constitué l'Italie et l'empire d'Allemagne, et légué à l'avenir de terribles guerres de races et d'ambitions.

La politique d'intérêt, au contraire, laissait l'Italie et l'Allemagne morcelées. La politique d'intérêt, en faisant l'alliance russe, nous permettait de braver l'Angleterre, qui ne trouvait pas en Europe un seul allié contre nous.

La Prusse d'alors ne s'y fût point frottée.

Quant à l'Autriche, on la tenait par cette menace perpétuelle de favoriser les revendications italiennes.

Voilà, je le répète, la politique que la tradition et la situation même de la France recommandaient d'adopter... C'est encore la seule qui puisse faire notre pays grand, libre et prospère.

Aucune nation ne peut vivre sans gloire, sans idées, ne peut vivre au jour le jour.

Quel est le plan adopté, quelles sont les idées qui vont dominer notre politique étrangère? Nous sommes réduit à déclarer que nous ne trouvons en face de nous que le néant. Qu'est-ce qui nous gouverne, en effet? tout un monde d'avocats et d'ingénieurs, qui n'ont d'autre but que de rester au pouvoir, et qui, dans ce but, renvoient perpétuellement aux calendes opportunistes le jour de la liberté pour tout le monde, le jour qui verrait naître enfin le régime républicain seul et vrai, celui où, par les libertés de la presse, du droit de réunion et d'association, le pays ferait ses affaires lui-même, sans plus avoir recours aux hommes providentiels.

Il est temps que la France prenne une position nette et carrée dans la question, et dise hautement, sous peine de disparaître comme grande puissance, qu'elle ne laissera pas régler l'avenir politique et *commercial* de l'extrême Orient sans sa participation.

Le temps, qui a résolu et emporté bien des questions, n'a pu empêcher la question d'Orient de rester à l'ordre du jour, et de grandir tous les jours; nulle solution n'a pu prévaloir, car, de quelque façon qu'elle se présente, elle renferme en elle un changement complet dans l'équilibre des puissances en Europe. Chacun comprend cette solution à sa manière, et par cela seul elle ne peut être adoptée par les autres, dont les intérêts sont fatalement relégués à l'arrière-plan.

L'Allemagne vient d'entrer dans le jeu; elle ne paraît avoir arrêté la Russie au Congrès de Berlin que pour se donner le premier rôle et préparer, elle aussi, sa solution. Il faut s'attendre que désormais, autour de cette question, vont s'agiter les ambitions les plus hautes, se grouper les plus vastes ressources, les combinaisons les plus hardies.

Il est temps que la France indique nettement la place qu'elle entend revendiquer, le rôle qu'elle prétend jouer dans le drame qui va s'accomplir dans la dernière partie de ce siècle. Il faut en finir avec la résignation !

Il y a longtemps que certains esprits à courte vue prétendent que la France doit se borner à être une puissance continentale et renoncer aux possessions lointaines.

Le grand Berryer, cet orateur et cet homme d'État qu'on ne saurait trop citer à une époque où la rhétorique et l'emphase méridionale ont remplacé les grandes et fermes lignes de l'éloquence, répondait ainsi, il y a quarante ans, à de pareilles inepties.

« Quoi! messieurs, la France ne sera qu'une puissance continentale, en dépit de ces vastes mers qui viennent rouler leurs flots sur nos rivages, et solliciter en quelque sorte le génie de notre intelligence.

« Il n'en saurait être ainsi... Depuis vingt ans, trente ans, des efforts inouïs ont été faits pour mettre en activité l'admirable intelligence de ce peuple; le génie créateur a été éveillé; sur tous les points du royaume, l'industrie a été appelée à enfanter des merveilles.

« La puissance de la nature était insuffisante; l'art est venu en aide à la nature. Les productions s'accroissent, tout le monde travaille, tout le monde produit en France, et vous nous renfermez dans nos deux frontières de terre et dans nos deux rivages.

« Et que deviendraient toutes ces productions que vous cueillez ainsi en France? Et cette immense machine à vapeur, ainsi mise en mouvement, ainsi chauffée par le génie, par l'activité, par l'intérêt de tous, ne fera-t elle pas une effroyable explosion, si les débouchés ne sont pas conquis? »

Voilà ce que disait le grand patriote; la tribune française n'a plus entendu de pareils accents. Si on l'eût écouté, 1870 et 1871 eussent été évités.

Des débouchés, créez des débouchés, devenez une puissance coloniale, criait à la France l'orateur légitimiste, passant par-dessus toutes les questions de parti pour indiquer à son pays la voie de la prospérité, de la puissance et de la paix.

Ce fut un patriote avant tout; ce fut, toute forme de gouvernement à part, — je puis le dire puisque sur ce point je ne partage pas ses idées,— un Français ardent et un grand homme d'Etat...

Nous voilà bien loin de Benarès et du descendant des princes mahrattes. Que le lecteur veuille bien m'excuser si, aujourd'hui que je mets en ordre ces notes de voyages dans une des parties les plus curieuses de l'Indoustan, le souvenir des deux portraits de Paul Ier et du premier consul que le Peischwa m'a montrés dans son palais, m'a entraîné malgré moi sur le terrain de cette politique orientale et coloniale, qui intéresse à un si haut point l'avenir de la France.

Voyager dans l'histoire, et en dégager la philosophie pratique, est un domaine que le voyageur a le droit d'explorer. Étudier les peuples chez eux, se pénétrer de leurs désirs, surprendre leurs ambitions, deviner leurs appétits, comprendre leur politique secrète, observer leur marche en avant, étudier les petits faits qui dénotent les grands événements, comme les gouttes de pluie sont parfois précurseurs des orages, c'est donner un but humain à ses courses aventureuses à travers le monde, et parfois, grâce à cela, peut-il être permis de jeter au milieu du bruit une note patriotique et vraie.

. . . .

Le lendemain, à la grande joie d'Amoudou, qui trouvait le séjour de Benarès un peu monotone, car il ne pouvait se livrer à ses excentricités ordinaires sans avoir la police anglaise sur le dos, je quittai Benarès pour me rendre à Cawnpoor, Agra, Delhi et Lahore, et ensuite, par les monts Vindhias, le Bundelcund et le Kandeich, jusqu'à Arungabad et Ellora, dont je me proposais de visiter les célèbres excavations. Je voulais aussi, moi centième, essayer de déchiffrer les mystérieuses et muettes inscriptions que les sectateurs de Brahma ont gravées sur les murailles de ces temples creusés dans des montagnes de granit, des siècles avant que Thèbes et Memphis aient vu jeter leurs fondations par les pasteurs de la Haute-Égypte.

J'étais, je dois l'avouer, très satisfait aussi de quitter le séjour des villes pour recommencer, selon ma vieille habitude, mes voyages à petites journées, la carabine au poing, à travers des pays inconnus, traversant, selon les lieux, tantôt de vastes jungles, asiles impénétrables des fauves, tantôt d'immenses forêts où les pas des caravanes ont seuls tracé quelque sentier solitaire qui nous livrait passage.

Avant de quitter Benarès, je renvoyai à Chandernagor mon tendel et ses rameurs que j'avais conservés jusqu'au dernier jour, car il m'arrivait souvent le soir, quand le Gange, sous la lumière de la lune, entourait Benarès comme d'une ceinture d'argent, de monter sur leur embarcation et de me faire bercer pendant de longues heures sur les flots par le bruit cadencé des rames et le chant monotone des matelots bengalis.

Je leur remis, après les avoir grassement indemnisés, un petit souvenir spécial à chacun, consistant en un vêtement complet en étoffe soie et or de Benarès, et ils me promirent tous de le porter aux prochaines poudja (fêtes) en mon honneur.

Ces braves gens me quittèrent les larmes aux yeux, avec force salams et souhaits d'heureux voyage, et pas un chant ne signala le départ lorsque leur dony, quittant les Gattes de Benarès, se mit à descendre le fleuve sacré.

TROISIÈME PARTIE

CAWNPOOR. — AGRA. — DELHI. — LAHORE.

TROISIÈME PARTIE

CAWNPOOR. — AGRA. — DELHI. — LAHORE.

Cawnpoor. — Agra. — Les ruines. — Le Jahara Bang. — Le Taj-Mahal. — Jumma-Mus'id. — Futtypoor sicri. — Retour à Chandernagor.

Après avoir quitté Benarès, nous côtoyâmes le Gange jusqu'à Allahabad et, un peu au-dessus de cette ville, nous gagnâmes sur un bac la rive droite du fleuve.

J'avais repris mon vieil équipage de voyageur : une simple charrette très longue, recouverte d'une bâche double en natte, dans laquelle je pouvais mettre mon matelas et toutes les provisions que je désirais garder sous la main.

Ce véhicule était traîné par deux bœufs noirs et trapus des plaines du Meiwar, dans le Rajhastan, superbes bêtes, rebelles à la fatigue, mais douces comme des moutons.

Mon personnel était réduit à trois serviteurs :

Mon Nubien Amoudou ;

Le metor Tchi-Naga, de la caste des Bohis, qui me venait de Pondichéry,

Et un vindicara ou bouvier, que j'avais engagé à Benarès pour avoir soin des animaux, et qui se nommait Tchocra-Dasi-Pal.

Je ne le désignais jamais que par la dernière partie de son nom, m'en servant comme d'une abréviation ; c'était aussi le plus honorifique de ses trois titres, Pal signifiant : souverain, guerrier puissant.

Le nom tout entier signifiait le *petit page qui danse devant le souverain.*

On n'a pas idée de ça. Il faut aller se promener dans l'extrême Orient pour rencontrer de pareils noms. Or, comme il eût été médiocrement amusant, malgré la concision de la langue du Meiwar, de dire à ce brave homme : Petit page qui danse devant le souverain, tu vas faire telle ou telle chose, je me bornais à cette expression beaucoup moins compliquée :

— Pal, tu vas atteler les bœufs, etc.

Pendant les premiers jours de marche, j'eus quelque peine à régler les préséances, question toujours grave dans l'Inde, entre mes trois individus.

Le petit page qui danse, etc., ne voulait pas

entendre parler d'obéir ni à Amoudou, parce qu'il était nègre et portait sur la tête une toison d'animal au lieu de cheveux, ni à Tchi-Naga, sous prétexte que la caste des bouviers, qui était la sienne propre, était de beaucoup supérieure à celle des porteurs de palanquins, et *coureurs*, qui était la caste de mon bohis.

J'ai l'habitude de me mettre en marche tous les matins au lever du soleil; le jour même que j'avais fixé pour le départ, je m'éveille : rien n'était prêt, et Amoudou me raconte que le sieur Pal n'avait pas voulu exécuter ses ordres.

Immédiatement j'ordonne au bouvier de préparer ses bœufs, et lui enjoins d'avoir désormais à exécuter les prescriptions d'Amoudou et de Tchi-Naga comme si je lui donnais verbalement mes ordres.

Il me répondit, avec une emphase qu'on ne trouve que chez les fils des tropiques, que j'étais son maître, que je représentais pour lui sur la terre l'œil du grand Brahma lui-même, et qu'il se conformerait à mes désirs.

Le lendemain matin, même répétition; mon bouvier n'était pas plus prêt que la veille, au grand désespoir de mon Nubien qui, bien avant le jour, le pressait sans pouvoir obtenir la moindre augmentation de vitesse dans ses mouvements.

Je résolus d'employer les grands moyens.

— Écoute, Pal, lui dis-je, si demain les bœufs ne sont pas attelés au lever du soleil, tu peux compter que l'*œil* de Brahma te fera administrer dix coups de rotin pour t'apprendre à ne point te moquer de moi et à exécuter tes engagements.

Les corrections manuelles répugnent à mes idées ; mais je dois déclarer ici aux âmes sensibles, ou aux esprits philanthropiques qui seraient tentés de me blâmer, qu'on n'obtient rien des serviteurs, en Orient et en extrême Orient, si on n'a pas recours de temps en temps à ce genre de sévérité.

Je me souviens d'avoir gardé longtemps, à Pondichéry, un cuisinier nommé Moutousamy, qui était bien le plus exact et le plus dévoué des serviteurs, cela n'empêche pas que, tous les mois environ, il avait besoin de sa petite ration ; c'est à un point que, quand il se sentait pris du désir immodéré de faire quelque escapade, il venait me trouver et me disait :

— Maître, je crois bien que voilà encore les mauvais esprits qui s'emparent de moi.

Il était en possession des malins esprits quand il dépensait au bazar, chez les marchands de callou, la moitié de l'argent destiné aux provisions.

Il venait alors le déclarer naïvement. Je lui faisais administrer une légère correction par le dobachy, ou chef de la domesticité... et il était tranquille pour six semaines.

Peuple d'enfants, musard, espiègle et paresseux, qu'il faut maintenir si l'on ne veut être débordé par lui.

J'ai connu un pharmacien de la marine qui, n'ayant jamais voulu employer de pareils arguments, fut en fin de compte obligé de quitter l'Inde, la vie pour lui n'y était plus tenable; il mangeait quand ses domestiques daignaient se souvenir qu'il avait faim; les gaillards avaient fini par boire tout son vin, manger ses conserves et se coucher dans son lit...

Ma menace n'ayant produit que peu d'effet, le vindicara (bouvier) voulait sûrement me tâter, et résolu à ne pas perdre tous les matins deux ou trois heures, ce qui eût singulièrement allongé mon voyage, je fis le lendemain administrer dix coups de rotin, par Amoudou, sur les parties charnues du *petit page qui danse devant le souverain*, au grand contentement de mon Nubien, qui lui disait dans son langage pittoresque :

— Toi, n'a pas cru, toi battu, toi s'y frottir, toi piquir, c'est-à-dire, pour le dernier membre de phrase, qui a besoin de traduction : — Tu t'y es frotté, tu t'es fait piquer.

Il paraît que le gaillard avait tapé ferme, car le bouvier fut obligé de recourir à une application de feuilles astringentes... Depuis, je n'eus pas l'ombre d'une plainte à lui adresser, et il exécuta religieusement nos conventions. Je répète que rien en dehors de cela ne peut avoir raison de la nonchalance orientale.

Après douze jours de marche, nous arrivâmes sans incident remarquable en face de Cawnpoor, ville célèbre par le siège qu'elle soutint lors de la révolte des cipayes.

Cawnpoor s'étend sur la rive droite du Gange, dans la province d'Allahabad, à environ deux cent cinquante lieues de Calcutta.

On a voulu voir dans les ruines de cette ville les restes de Palibrotha, la vieille et antique cité des brahmes ; mais rien de sérieux ne vient donner de poids à cette opinion, et pas un vestige authentique de cette ville célèbre n'a pu être découvert.

Cawnpoor, malgré la belle apparence qu'elle a de l'autre côté de la rivière, est, comme toutes les villes de l'Asie, assez mal bâtie, et ne possède pas, comme Benarès, de splendides monuments, des édifices remarquables pour relever son aspect monotone.

Comme paysage, on y trouve cependant de beaux points de vue. Les environs de la ville sont remplis de mosquées isolées, de pagodes entourées d'arbres, qui donnent assez de pittoresque au point de vue, surtout en raison de la population de pèlerins qui vient les visiter.

De l'autre côté du fleuve, d'où la ville nous est tout d'abord apparue, nous apercevions les dômes en forme de mitre, qui appartiennent au vieux style indou, de deux pagodes presque en face le palais de quelque riche indigène et, dans le lointain, les bengalows du quartier anglais. La disposition de ce panorama me plut assez et, en quelques coups de crayon, je le transportai sur mon album qui, chaque jour, s'enrichissait de nouveaux souvenirs.

La vue de la ville, du côté de la campagne, est cachée en grande partie par une colline qui s'élève comme un fort naturel au milieu d'une plaine stérile et la sépare des cantonnements de la garnison anglo-indoue.

Cawnpoor est une station militaire très importante ; elle fait face au territoire des Oudes, sur le côté de la rivière où je me trouvais, et elle a toujours une forte et imposante garnison.

Les cantonnements occupent une très grande étendue de terrain ; ils offrent, sur une étendue de près de dix kilomètres, une suite non interrompue de maisons, de jardins, de parcs, dont l'aspect est des plus agréables. Ils ont été conquis à la lettre sur la plaine de sable, car quoique Cawnpoor soit située dans le Douab, qui est célèbre par sa richesse et sa fertilité, le pays qui l'entoure immédiatement est un désert aride.

Ces cantonnements sont en grande partie coupés par des ravins, et entremêlés de bois épais, de temples indiens et de bazars pareils à des villages ; cet ensemble forme un spectacle des plus variés et plein d'intérêt.

Les maisons, vastes, aérées, commodes, sont garnies de verandahs, et toutes revêtues d'un stuc brillant qui leur donne l'aspect de bâtiments en pierre.

Les officiers anglais me firent visiter plusieurs de ces petits palais, et les décorations intérieures, ainsi que les points généraux de l'architecture, me confirmèrent dans mon opinion que les Indous, quand on veut leur laisser le temps de bien faire, et qu'on ne veut point chercher à leur imposer quelque idée baroque, sont les premiers architectes et les premiers décorateurs de l'univers.

Tous les jardins que je visitai sont très bien cultivés et très productifs ; indépendamment des produits du pays, tous les légumes et tous les fruits d'Europe y sont cultivés avec succès.

Les citrons, les oranges, les limons d'eau, les grosses pamplemousses, les lines, y sont tellement abondants que les arbres plient sous les fruits dorés.

Le mangoustan, le plantain, la goyave, les pommes-cannelles, le letchy, l'ananas, le janerosa, le cœur de bœuf, les bananes y poussent en telle quantité, qu'on ne se donne pas la peine de les ramasser, et tout cela se marie à la figue, à la pêche, à la prune, aux fraises, aux abricots et aux raisins, qui nulle part ne sont plus beaux et plus délicats.

Les bazars sont bien fournis de viande de boucherie, de volaille et de gibier.

J'achetai pour mon approvisionnement une grande cage pleine de poulets, de dindons, de perdrix, de cailles et de faisans indous, tous vivants et distribués dans des compartiments séparés.

Sur les tables des marchands étaient aussi installés les plus beaux spécimens des poissons du Gange, et, chose bizarre, je trouvai là plusieurs fermiers anglais qui, établis comme dans leur pays, font du fromage et du beurre et élèvent des porcs qu'ils transforment en lard fumé et en jambons d'York, qui sont très appétissants. Malgré leur bonne mine, je ne me décidai pas à en acheter, je préférais les jambons venus authentiquement d'Angleterre; il y a toujours du danger à manger la chair du porc élevé sous les tropiques.

La ville renferme un beau théâtre et un club bien installé; je passai quelques heures dans ce dernier établissement, uniquement fréquenté par les officiers et les fonctionnaires du civil-service, et je trouvai là tout ce solide confort que les Anglais transportent partout avec eux avec une fidélité qui témoigne plus de leur orgueil national et de la fixité de leurs habitudes que de leur intelligence.

Il est clair, en effet, que les énormes tranches de bœuf saignant, le pale ale alcoolisé, pour traverser la mer, et cet abus constant du *brandy* (prononcez cognac), ainsi que leur manie exagérée de soda-water, de claret et de whisky, conviennent peu au climat dévorant de l'Inde, et que ce régime, à peine supportable sous le ciel brumeux de l'Angleterre, devient un moyen comme un autre de suicide sous l'équateur et les tropiques.

La nature, beaucoup plus intelligente que les Anglais, — vous verrez que les gaillards n'en seront pas bien persuadés — a donné à chaque climat les productions nécessaires à la nourriture des hommes qui vivent sous son influence, les fruits, les légumes, les grains, et peu ou pas de viande sous l'équateur et les tropiques, et l'eau pure pour boisson; les viandes et les vins généreux dans les climats froids.

Mais allez donc persuader à un Anglais qu'il se tue en se gorgeant de roatsbeef et de cognac par quarante degrés de chaleur; notre homme répondra à votre tentative par ce sourire froid, vaniteux et hautain que tous les bons Anglais portent sur le continent, comme ils portent tous les mêmes gants, la même jaquette, le même sac, la même lorgnette, du membre du Parlement au marchand de couteaux de Birmingham...

Le campement de Cawnpoor est donc parfaitement bien approvisionné. On y fait beaucoup de dépense, les *mess* d'officiers sont des plus brillantes ; les articles d'Europe, les livres, les journaux y abondent ; j'ai vu sur les tables du club toutes les gazettes du monde entier de quelque importance ; le théâtre et les courses périodiques ajoutent aux éléments de distraction ordinaires, et cependant les officiers anglais aiment peu, m'ont-ils dit, cette garnison, le service militaire y est trop pénible, et le luxe y est à ce point développé, que malgré soi on est entraîné à faire des dépenses exagérées.

Nous campâmes deux jours près de Cawnpoor; puis, n'ayant rien de curieux à visiter qui pût prolonger mon séjour, je donnai de nouveau l'ordre du départ pour Agra, que nous devions atteindre en dix jours de marche. Le lendemain de notre départ, nous atteignîmes la rive gauche de la Jmuna, un des plus grands affluents du Gange; nous campâmes le soir, malgré les touffes boisées qui garnissaient les rives de la rivière, sur un petit plateau dépourvu de végétation; j'avais remarqué, depuis que nous côtoyions ce cours d'eau, de nombreuses pattes de tigre imprimées dans le sable, et je voulais à tout hasard mettre ma petite caravane à l'abri des surprises que pouvaient recéler les buissons et les épais fourrés de cactus et de goyaviers. Bien m'en prit, car les rugissements du fauve vinrent inquiéter mes animaux.

Je ne dormais, comme on dit vulgairement, que d'un œil, couché sous la bâche de ma charrette, la main sur mes armes; en face de moi, un petit feu entretenu par Tchi-Naga jetait sur les objets qui m'entouraient des lueurs vacillantes qui leur donnaient un aspect fantastique; la fraîcheur du matin commençait à engourdir mes membres, et selon toute apparence la nuit allait s'écouler sans alerte... lorsque tout à coup la détonation d'une carabine se fit entendre à moins de cinquante mètres de moi. Je reconnus au bruit clair et presque argentin, que rendent les canons d'acier fondu, la carabine d'Amoudou ; avec la vitesse de la pensée, je me jetai hors de ma charrette et me portai rapidement en avant.

— Prenez garde, maître, me cria Amoudou qui m'entendait accourir, prenez garde, c'est un tigre et il n'est que blessé.

Tchi-Naga arrivait derrière moi avec un gros falot de nuit.

Cette précaution de mon fidèle bohis me sauva peut-être la vie.

J'aperçus à l'instant même, à trois mètres de moi, une masse noire qui se mouvait de mon côté presque péniblement ; épauler et faire feu ne me prit pas l'espace d'une seconde, et la masse resta dans une complète immobilité.

Nous pûmes alors nous approcher sans crainte.

Nous avions en face de nous un énorme tigre royal, mais dans un tel état que nous eûmes vite fait de voir qu'il nous serait impossible d'en conserver la peau ; Amoudou, qui l'avait tiré presque à bout portant, l'avait attrapé dans l'arrière-train ; sa balle explosible avait broyé complètement toute cette partie de l'animal, et la mienne, qui l'avait atteint en plein poitrail, avait achevé de le rendre méconnaissable.

Ces balles explosibles sont de fameux engins de défense; quel que soit l'endroit où la bête soit touchée, elle est hors de combat, c'est un véritable petit obus que vous lui envoyez dans le corps; mais il est rare qu'avec ce mode de chasse on puisse conserver une dépouille de l'animal tué, qui vous permette d'en faire un trophée présentable.

Je grondai Amoudou sur son imprudence et lui renouvelai la défense absolue de quitter le campement pour aller battre les buissons pendant la nuit; le pauvre garçon me répondit en jurant par Allah qu'il ne recommencerait pas, mais je ne pus m'empêcher de n'en rien croire, cent fois il m'avait fait les mêmes promesses sans les tenir. Dès que mon noir se trouvait dans la forêt ou dans la jungle, ses instincts sauvages d'ancien chasseur de fauves dans les déserts de la Nubie reprenaient le dessus, et la tentation était si forte que rien ne pouvait l'empêcher d'aller jouer sa vie au premier rugissement qu'il percevait sous bois.

Toute sa jeunesse s'était écoulée à conduire avec son père les caravanes qui vont de l'Égypte en Nubie, en Abyssinie, au Soudan et au Darfour, et la vie relativement plus calme qu'il menait près de moi depuis de longues années déjà, n'était point parvenue à modérer ses goûts aventureux.

Nous ne fûmes pas inquiétés autrement pendant le restant du voyage, grâce aux précautions que je pris d'éloigner toujours mon campement des fourrés, affectionnés par les tigres.

Nous arrivâmes à Agra, comme je l'avais prévu, le dixième jour de notre départ de Cawnpoor et sans avoir fait d'étapes exagérées.

Le rivage oriental de la Jumna à Agra est orné d'une suite de magnifiques jardins aussi vastes que fertiles et couverts d'orangers, de citronniers et de vignes, chargés de fruits abondants et d'une saveur exquise; l'air qu'on y respire est rafraîchi par de nombreuses fontaines, et de luxueux pavillons de marbre, disséminés dans les bosquets, semblent inviter au repos ceux qui aiment cette vie paresseuse et oisive qui fait le bonheur des Orientaux.

Je pris la résolution de passer cinq ou six jours à Agra, et m'en fus sans la moindre vergogne installer mon campement dans le Jaharabang, une des plus délicieuses retraites des rajahs du pays.

Au fur et à mesure que nous nous avancions sous les allées majestueuses de ce jardin, il me semblait voir se réaliser sous mes yeux un de ces splendides paysages que l'imagination des conteurs arabes a placés dans ces contes merveilleux des *Mille et une Nuits*, dont ils ont puisé la substance dans l'Inde pendant leur courte domination sur le Deccan.

Rien n'est plus enchanteur que le coup d'œil qui s'offrit tout à coup à mes yeux du Pavillon du Jahara, qui est bâti en face d'Agra, sur une espèce de petit promontoire qui domine la rivière.

La Jumna roule ses eaux sur un lit rocailleux; le sable fin et uni, qui garnit ses rives, est peuplé de martins-pêcheurs, au plumage varié; de petits hérons, blancs et roses, y prennent sans cesse leurs ébats, se poursuivent en se jouant ou plongent pour saisir les poissons qui passent à leur portée; tandis que les arbres, qui s'avancent en massifs épais jusque sur les bords de la rivière, laissent retomber leurs branches jusque sur l'eau; tandis que dans leur feuillage, au milieu des lianes fleuries qui de tous côtés se suspendent en grappes, des milliers de pigeons verts, d'aras au collier jaune et de perroquets aux nuances variées, font entendre les uns leurs roucoulements, les autres leurs cris aigus et monotones.

Sur la rive opposée, Agra, une des plus belles villes de l'Inde, étale la magnificence de ses édifices. Le palais de marbre de Shah-Jehan, situé sur les bords de l'eau, présente un aspect éblouissant; ses terrasses, ses tourelles, ses colonnades se reflètent dans le miroir liquide qui baigne les pieds du monument.

Plus au fond, les murs ornés de bastions et les portes massives de la cité paraissent comme couronnés par les coupoles éclatantes des mosquées, que cache en partie l'épais feuillage du baobab, du pepul et du tamarinier; une vaste et magnifique perspective de tours, de palais, de gattes et de bosquets touffus, se termine par les minarets élevés et le dôme majestueux du Taj-Mahal.

Je ne connais pas de panorama plus beau et d'effet plus splendide que celui qu'il produit lorsqu'on contemple ce magique tableau, au moment où le soleil levant vient le noyer dans des flots de pourpre et d'or.

Au loin, dans une plaine déserte, on aperçoit le tombeau d'Achmed-Doulah que je fus visiter le lendemain de mon arrivée.

Cet édifice est situé au milieu d'une plaine déserte; il passe pour le plus pur et le plus beau modèle d'architecture que les Mogols aient édifié.

Ce fut la célèbre Nour-Mahal qui l'érigea à la mémoire de son père; elle avait d'abord voulu faire construire un mausolée en argent massif, mais on lui fit comprendre que le marbre serait plus durable et surtout plus à l'abri des convoitises.

Ce tombeau paraît petit si on le compare aux autres grands monuments funéraires de l'Inde, mais comme il rachète son infériorité de masse par la grâce de ses contours, le fini merveilleux de son exécution et la perfection de ses moindres détails ! Il consiste en une salle centrale, avec des appartements octogones aux angles que couronnent un dôme et quatre minarets à jour.

L'édifice est entièrement couvert d'un treillage en marbre, orné de fleurs et de feuillage, en forme de mosaïque, exécuté avec un goût exquis. Malheureusement, ce brillant mausolée est entretenu avec une parcimonie par les autorités anglaises, que certains signes de dépérissement que l'on remarque déjà peuvent faire prévoir, si l'on n'y prend garde, le moment prochain où cette merveille architecturale ne sera plus qu'une masse de ruines.

Les murs du jardin qui l'entoure sont lézardés ; l'herbe couvre les parterres abandonnés, et un troupeau de vaches paissait paisiblement dans l'enceinte du monument au moment où je le visitai.

Souhaits inutiles, les Anglais ne sont pas dans l'Inde pour conserver les vieilles traditions artistiques de cet admirable pays ; ils sont là

Ruines près du Taj-Mahal a Agra. (Page 301.) D'après une photographie de l'auteur.

LA JUMMA MUSGID PRÈS D'AGRA. (Page 301.) D'après une photographie de l'auteur

pour *faire de l'argent*, selon l'expression si admirablement anglo-saxonne, et non pour en dépenser à faire réparer ces restes d'une civilisation dont leur domination mercantile n'égalera pas la splendeur.

La beauté et l'ancienne étendue de la ville d'Agra peuvent se présumer à la vue des nombreuses ruines qui s'étendent de chaque côté de la Jumna. De vastes terrains couverts de vieux bâtiments, de débris de murailles ensevelis sous des plantes grimpantes et la verdure, témoignent encore de la grandeur passée de cette antique cité.

L'état d'abandon dans lequel est laissée la belle mosquée de Jumma-Musjid fait peine à voir; peut-être est-ce sa situation isolée qui la fait négliger même de la plupart des voyageurs, dont bien peu se sont donné la peine de pénétrer dans son intérieur.

Elle fait face à la porte de Delhi et à la forteresse du même nom, et occupe un large espace ombragé d'une manière pittoresque, et couvert en partie de ruines qui s'étendent à la distance de plusieurs milles, jusqu'aux restes d'un vieux mur qui entourait autrefois la ville.

L'architecture de cette mosquée est pleine de grandeur et de noblesse; elle est flanquée de tours octogones et les murs sont fortifiés par des arcs-boutants. Une porte élevée, surmontée par des minarets, conduit à l'intérieur qui est simple et grandiose en même temps.

La religion musulmane rejette toute décoration étrangère dans les monuments consacrés au culte, en sorte que la mosquée n'est pas couverte de ces ornements fleuris, de ces arabesques que les Mogols, à l'imitation des Indous qu'ils avaient conquis, ont au contraire prodigués sur leurs palais et leurs tombeaux. Cette mosquée est encore en bon état.

La porte de Delhi et la forteresse offrent le modèle de fortification le mieux conservé et le plus remarquable que l'on puisse rencontrer dans l'Inde. Sa défense ne serait pas possible depuis l'invention du canon; mais cette citadelle, autrefois, eût été imprenable. Ses hautes murailles de granit crénelées, ses tours majestueuses, ses poternes, ses plans inclinés reportent vivement l'imagination aux temps de la féodalité; le fier symbole des Mogols, le croissant d'or, brille encore à la cime de la coupole, et fort heureusement pour l'art et les souvenirs historiques que renferme cette forteresse, elle n'a pas subi de siège, les Anglais s'en étant emparés par le plus puissant moyen de conquête qu'ils aient employé dans les Indes, la trahison.

La Mooteé-Musjid, ou perle des mosquées,

et le palais du Grand Akbar, sont tous deux compris dans l'enceinte des fortifications.

Le palais, qui est construit entièrement de marbre blanc, est un beau bâtiment encore en très bon état. La salle principale est une pièce superbe, supportée par des piliers et des voûtes d'un beau style d'architecture ; on voit ensuite une quantité considérable de petits appartements bien décorés, dont les murs sont couverts de mosaïques représentant des fleurs, et composées d'une variété infinie de cornaline, d'agates, de marbre rouge, de lapis-lazuli et de jaspe.

Ces magnifiques appartements ont vue sur la Jumna et jouissent du spectacle enchanteur que peut donner cette rivière, dont les rives sont garnies d'une riche végétation et de ruines pittoresques.

Des escaliers de marbre conduisent sur le toit en plate-forme du palais, d'où l'on jouit de la vue la plus étendue. Le tout forme une magnifique terrasse, où le matin et la nuit les habitants du palais ont une promenade délicieuse, sous un ciel tiède et embaumé, avec un panorama peut-être unique au monde.

Une grande quantité de petites cours carrées sont entremêlées au milieu de ces beaux bâtiments, chacune ayant son parterre, ses bassins de marbre, ses fontaines. Une multitude de pigeons de différentes couleurs, bleus, violets, bruns et verts, ont leur nid au milieu des pinacles, ajoutant la brillante couleur de leur plumage à la fraîcheur des fleurs, et à la transparence des eaux coulant dans des canaux creusés dans le marbre du sol.

Ce merveilleux palais a été souvent habité par les généraux et commissaires de l'ancienne compagnie des Indes ; il est aujourd'hui la résidence du gouverneur de la présidence du Bengale quand il vient visiter Agra et les provinces qui en dépendent.

Bien qu'il soit supérieur à l'Alhambrah pour la délicatesse et le fini des ornements, ce palais est encore éclipsé par l'admirable mosquée d'Akbar, dont il est impossible de donner une faible idée, tant sa magnificence tient du prodige.

Elle serait construite en perles, nom sous lequel on la désigne (*Mooteé*), que sa blancheur, sa pureté, son brillant ne pourraient être surpassés; on a peine à la croire sortie des mains de ces stupides Mogols, et on a besoin de se souvenir qu'elle a été édifiée par la main d'architectes et d'ouvriers indous.

L'éblouissant éclat de blancheur qu'elle jette autour d'elle ne se peut comparer qu'à celui d'un bloc d'albâtre argenté par la lumière de la lune.

Quant à l'architecture, elle dépasse toute idée que j'aurais pu m'en faire par les récits et les descriptions.

Ce ne sont qu'arcades et colonnades légères, dômes, portiques, frontispices, le tout en marbre blanc et s'étageant les uns sur les autres avec une magnificence et une hardiesse qui ne se peuvent décrire.

Mais il paraît que je suis dans le pays des merveilles, car, comme j'étais là frappé de stupeur à la vue de pareils monuments presque inconnus de l'Europe, le guide indigène que j'avais pris pour visiter Agra, me dit en souriant :

— Réserve un peu de ton admiration pour le Taj-Mahal.

Nous prîmes rendez-vous pour le lendemain ; ce n'était pas trop que d'une journée entière consacrée à visiter ce monument peut-être unique au monde, tant par la richesse des matériaux employés que par la magnificence et la splendeur de son architecture.

Ce mausolée a été élevé par l'affection conjugale du Shah-Jehan pour la princesse Nour-Mahal, que dans son amour l'empereur avait surnommée la lumière du monde après l'avoir perdue. Le shah déclara qu'il érigerait à son épouse un monument aussi supérieur à ceux dont l'univers pouvait se glorifier qu'elle-même était supérieure à toutes les autres femmes de l'univers.

La vue du Taj, dont j'ai tenu à conserver dans mon croquis l'ensemble des dispositions architecturales, est prise de la Jumna qui baigne le mur de granit rouge, qui sert d'enceinte au magnifique jardin dans lequel est construit le mausolée.

Ce monument repose sur une terrasse en marbre blanc, et la sépulture se trouve précisément dans le centre, au-dessous du dôme, à l'étage inférieur ; ce lieu est éclairé seulement par une lampe qui brûle continuellement au-dessus du tombeau.

Sur trois côtés, dont l'un donne sur la rivière et les deux autres à l'est et à l'ouest, on rencontre à l'étage supérieur, où vous conduit une merveille d'escalier en marbre, toute une série d'appartements composés de trois chambres, dont les plafonds, les planchers, les murs et les cloisons qui les séparent sont en marbre ciselé, sculpté, fouillé à jour ; les mêmes magnificences se retrouvent dans les fondations.

De la plate-forme placée au-dessus des appartements, les yeux s'arrêtent sur une place régulière de deux cents mètres environ et sur un bâtiment octogone, surmonté d'un dôme s'élevant au milieu d'une foule de coupoles et de minarets.

On y entre par quatre grandes portes; le tout est en marbre blanc, même les jalousies des fenêtres, à l'exception d'une magnifique mosaïque représentant les versets du Coran, et qu'on voit au-dessus des portes. Ces inscriptions, incrustées en marbre noir, forment les plus élégantes bordures qui se puissent voir.

Aux quatre coins de la terrasse se trouve un splendide minaret de cent cinquante pieds de hauteur.

Malgré l'apparence imposante de ces admirables colonnes, leur réunion forme une masse d'un gracieux et d'un léger dont on ne peut se faire une idée. Cette immense quantité de marbre blanc, poli, sculpté, fouillé au ciseau, offre un spectacle peut-être unique au monde.

Les portes de ce superbe édifice étaient autrefois en argent massif, et le croissant qui brillait au sommet d'une flèche de trente pieds de haut, était en or ainsi que la flèche. Mais les Anglais ont depuis longtemps remplacé ces riches métaux par des matières plus communes.

A droite et à gauche du Taj, sur la terrasse d'en bas, ont été bâties deux mosquées en granit rouge, incrustées de marbre blanc et surmontées de dômes en marbre, toutes deux méritant d'être admirées et complétant cette réunion de beautés d'architecture que les Indous n'ont jamais dépassées.

L'intérieur du Taj est encore au-dessus de ce que semble promettre sa magnificence extérieure. Sur une plate-forme, dans le centre d'une salle de forme ronde, sont les sarcophages du Shah-Jehan et de sa fidèle compagne, enfermés dans des coffres de bois de sandal sculptés d'un travail exquis et d'une exécution parfaite.

Ces sarcophages, ainsi que les murs de la salle où ils sont placés, sont couverts de fleurs et d'inscriptions en mosaïque admirablement travaillée, et qui est formée de différentes variétés de cornaline, d'agate, de jaspe, de lapis-lazuli et d'autres marbres précieux. Les fleurs sont de grandeur naturelle et si bien représentées qu'on les croirait cueillies fraîchement et placées sur du satin blanc.

Les teintes de couleur sont d'une vérité frappante, et dans chaque feuille d'œillet on a employé jusqu'à trente-cinq variétés de cornaline rouge.

Le plan de ce superbe édifice est attribué à l'empereur lui-même, mais la tradition rapporte qu'il en confia l'exécution aux plus habiles ouvriers qu'il fit venir exprès de toutes les parties du monde.

Du côté du Taj opposé à la rivière, se trouve un vaste jardin rempli de pêchers en plein vent qui donnent des fruits délicieux, les intervalles des arbres sont tout plantés de vignes et de rosiers, et une magnifique avenue de cyprès traverse dans toute sa longueur cette superbe plantation.

Il est difficile de bien rendre l'impression de majesté et de grandeur qu'inspire la vue du Taj, vu de l'extrémité opposée de cette avenue; ces fontaines, ces dômes, ces minarets, ces colonnes, ces terrasses du marbre blanc le plus pur qui apparaissent ainsi comme émergeant d'un océan de verdure, offrent un des spectacles les plus admirables et les plus gracieux en même temps que l'on puisse voir au monde.

Tout pensif, je me pris à errer dans ce vaste jardin toujours couvert de fleurs et de fruits, et la vue de ce merveilleux monument me reportant dans le passé, je ne pus m'empêcher de comparer cette domination mogole, qui a couvert l'Inde de monuments somptueux, qui a employé les richesses de ce pays à illustrer son sol, avec la domination anglaise, qui détourne toutes les richesses du pays pour en engraisser les rives de la Tamise.

Près de quinze années furent employées pour l'édification du Taj-Mahal qui a coûté plus de vingt-cinq millions, somme énorme pour le temps, car elle représenterait aujourd'hui plus de cinq fois cette valeur.

Le marbre a été tiré du pays de Candahar, à près de six cents milles de distance. Le granit employé dans les murs du jardin et dans les bâtiments environnants vient des montagnes du Meiwar.

On prétend que le Shah-Jehan avait le projet de construire le même monument de l'autre côté de la rivière pour recevoir ses restes; il voulait réunir les deux mausolées par un pont de pierre jeté sur la rivière, mais il n'eut pas le temps de mettre ce projet à exécution. Fait prisonnier par son fils Aureng-Zeb qui le détrôna, il finit ses jours au fort d'Agra, d'où il put voir cependant, jusqu'à sa dernière heure, le mausolée qu'il avait fait élever à sa chère Nour.

Je dois rendre cette justice au gouvernement anglais, — si je ne le fais pas plus souvent, c'est que je n'en trouve pas l'occasion, — il a pris le Taj-Mahal sous sa protection spéciale, et n'épargne ni soin ni argent pour le maintenir en bon état; le jardin est parfaitement entretenu et toujours ouvert aux Européens et aux indigènes qui désirent le visiter ou s'y promener.

Le troisième jour de mon arrivée à Agra était un dimanche; toutes les fontaines coulaient à plein bord, le jardin était rempli de groupes joyeux et de brillants visiteurs diversement habillés, les uns avec des caftans de velours ou de brocart brodés en or, d'autres de mousseline pailletée d'argent, avec des turbans de cachemire; le tout offrait un spectacle véritablement animé et pittoresque.

Je ne pouvais quitter Agra sans aller visiter Futtypoor Sicri, qu'on a surnommé avec raison dans l'Inde le Versailles des empereurs mogols.

Ce lieu est situé à environ vingt milles d'Agra; il était la retraite favorite d'Akbar et de ses descendants. Quoique maintenant on n'y voie plus que des cabanes et des ruines, où peuvent se loger à peine de pauvres villageois, ce qui reste de l'édifice est encore d'une grande beauté, égalant, peut-être même surpassant ceux qu'on voit dans les autres provinces de l'Inde.

La mosquée qui faisait partie du palais d'Akbar est très belle, elle forme le quatrième côté du palais, qui affecte une forme carrée; les trois autres sont garnis de colonnades et de portiques magnifiques.

En face de l'entrée sont deux mausolées, travaillés avec le soin et le fini qui distinguent toutes les œuvres de cette époque; plusieurs membres de la famille y reposent, ainsi que Soliman, qui fut le ministre favori d'Akbar.

Tout le palais est en ruines; mais ce qui en reste et qu'on pourra conserver est encore d'une grande beauté.

Je remarquai surtout un pavillon qu'on prétend avoir été construit par Akbar pour en faire son lieu d'études. Trois fenêtres en marbre, percées à jour et fouillées au ciseau avec une rare délicatesse, sont restées à peu près entières.

Mais les murs de ce retiro ont été dégradés par les ordres d'Aureng-Zeb, qui affectait une grande dévotion et un zèle minutieux à observer les pratiques du Coran; l'intérieur de ce pavillon, ainsi qu'on en peut juger par ce qu'il en reste, était orné de belles sculptures représentant des arbres, des grappes de raisins, des oiseaux et d'autres animaux, exécutés avec un talent peu commun; l'empereur ordonna qu'elles fussent détruites, les principes sévères de l'islamisme ne permettant pas de pareilles images. Aureng-Zeb agissait ainsi pour faire oublier, par l'affectation de ses sentiments religieux, qu'il avait détrôné son père et massacré ses frères.

La ville de Futtypoor est complètement en ruines, et seuls les tronçons de colonnes, les chapiteaux brisés et des amas de décombres envahis par la végétation témoignent de son ancienne splendeur. Ses murs crénelés, dont il ne reste que de rares spécimens, avaient environ dix kilomètres de circonférence; mais les chaumières indoues et les rares maisons encore habitées, bien que très espacées entre elles, n'occupent pas la vingtième partie de cet emplacement.

Agra et ses environs pourraient être appelés *la contrée des palais*, car je ne sache pas que nulle part dans le monde on puisse trouver une telle quantité de ruines et de monuments somptueux. Il m'était impossible de visiter tous ces lieux renommés sans prolonger mon séjour à Agra bien au delà du temps que je m'étais fixé. Je devais restreindre les stations, car en dépassant le temps que je m'étais donné, il me devenait impossible de suivre l'itinéraire que je m'étais tracé, et mon intention, après avoir visité Delhi et Lahore, était de revenir par le Bundelcund et le Kandeich et de gagner le chemin de fer de Borampoor à Calcutta, qui en trois ou quatre jours me rendait à Chandernagor; mais le voyageur est soumis, comme tous les autres hommes, à cet éternel hasard avec lequel il faut toujours compter; je ne devais pas, cette fois du moins, dépasser Agra.

Le soir même de mon excursion à Futtypoor, je venais de donner mes ordres à Amoudou pour le départ du lendemain, et je me reposais tranquillement dans mon hamac que j'avais suspendu aux branches d'un tamarinier de Jahara-Bangh, lorsque des cris de surprise, poussés par mon Nubien et mon metor Tchi-Naga, vinrent troubler le cours de mes rêveries; en me soulevant pour me rendre compte de ce qui se passait, j'aperçus, debout devant moi, l'illustre Banou, serviteur de confiance de mon collègue et ami M. de M***, chef du parquet de Chandernagor; je n'étais pas revenu de la surprise légitime que me causait cet événement, qu'une main se tendait vers moi, et que M. de M*** lui-même me disait en souriant :

— Je vous aurais découvert même au milieu des jungles.

— Qu'y a-t-il ? fis-je un peu inquiet, tout en lui rendant son amicale étreinte.

— Rien qui doive vous alarmer, votre famille se porte bien.

— Je respire; quel poids vous m'enlevez de la poitrine !

—Je viens simplement interrompre le cours de vos pérégrinations. Le magistrat qui faisait votre intérim pendant votre congé vient d'être saisi par ces terribles fièvres paludéennes du Bengale qui ne pardonnent pas; il est parti par le courrier du 3, et le tribunal se trouve sans président; une dépêche du procureur général de

Pondichéry me charge de vous prier de revenir à Chandernagor pour la session des assises qui s'ouvre dans huit jours. Au lieu de faire jouer le télégraphe sur la ligne de Benarès à Lahore, j'ai trouvé plus pratique de prendre le train; en trente-six heures j'étais à Benarès, où je retrouvai facilement votre piste. Après six heures de station, je reprenais le train pour Agra, décidé à vous suivre ainsi jusqu'à Delhi et Lahore. Il n'y a pas vingt minutes que je suis arrivé, et le premier indigène à qui j'ai demandé de vos nouvelles, m'a répondu :

— Il y a un balatti (étranger) qui est campé avec trois domestiques et une charrette à bœufs dans le Jahara-Bangh... Je compris sans peine qu'il s'agissait de vous.

— Eh bien, mon cher ami, lui répondis-je, je n'ai qu'à me défaire de mon véhicule et de mes bœufs, licencier mon *vindicara*, et nous pouvons prendre demain le train du matin.

— Nous ne sommes pas si pressés que cela, me répondit M. de M***; en venant vous chercher moi-même, j'ai été conduit par la pensée de me donner trois ou quatre jours de chasse dans les jungles du Meiwar; ce pays, dit-on, fourmille de tigres, de buffles et de sangliers, et je ne serais pas fâché, si ce désir avait votre agrément, que nous allassions leur faire une petite visite.

— Soit, répondis-je à mon ami, puisque en trois jours le chemin de fer nous aura transportés à Chandernagor, il nous reste largement le temps de faire une excursion dans la jungle.

— D'autant plus que les vacances judiciaires n'étant pas terminées, il nous suffit d'arriver quarante-huit heures avant l'ouverture des assises.

— C'est entendu! Mais, dis-je à mon ami, que je n'avais jamais pris pour un disciple de saint Hubert, avez-vous déjà chassé le tigre?

— Jamais! me répondit-il.

— Diable, mais vous allez nous faire manger.

— Il est vrai que je n'ai pas encore fait la chasse à la grosse bête, mais je ne manque jamais une bécassine.

— Je ne vous connaissais pas ce talent-là.

— Voyez plutôt.

Une hirondelle passait à tire-d'ailes, et, avant que j'aie eu le temps d'implorer pour le pauvre animal, mon ami avait épaulé son fusil, et l'oiseau tombait à nos pieds.

— Votre adresse est réellement merveilleuse, lui dis-je, tout étonné de cet exploit, car il ne m'avait jamais, jusqu'à ce jour, parlé de ses qualités de tireur.

— Pensez-vous que je puisse, sans trop de risque, faire ma partie à côté de vous et de votre brave Amoudou contre un tigre ?

— Sans nul doute, à une condition toutefois, c'est que vous conserverez, en face du tigre ou du buffle, la même aisance et le même sang-froid que si vous vous trouviez en présence d'un simple oiseau.

— Je ne puis pas vous répondre de n'éprouver aucune émotion, et en présence du danger de ne point donner intérieurement à tous les diables ma témérité ; mais ce que je puis vous promettre, c'est que ma main ne tremblera pas, et que je ne quitterai pas d'une semelle le poste où je me trouverai placé ; il y a longtemps que je désire me procurer les émotions de cette chasse étrange, et je suis décidé d'en courir tous les risques avec vous, qui avez l'habitude de ce gibier.

— Eh bien, mon cher, fis-je en le voyant si résolu, il sera fait selon vos désirs, et je crois pouvoir vous affirmer que le danger que nous courrons ne sera pas aussi grand que vous pourriez vous l'imaginer. Autrefois, avec la simple carabine de chasse, on risquait *mort d'homme* à aller troubler le grand fauve du Bengale au milieu des jungles ; mais, depuis l'invention de la balle explosible, toute question de courage à part, il faudrait réellement les plus grandes imprudences pour se faire dévorer... Je ne mets donc qu'une seule condition à cette excursion, c'est que vous obéirez, en tout et pour tout, à Amoudou, qui dirigera la chasse; moi-même, dans ces occasions, je me laisse entièrement guider par lui.

M. de M*** répondit en souriant qu'il acceptait des deux mains l'illustre Amoudou comme chef de file.

Il fut convenu que nous nous mettrions en route le lendemain au point du jour pour le village de Secondara, où, pendant que nous visiterions le tombeau du grand Akbar, mon Nubien et Tchi-Naga trouveraient facilement à enrôler la troupe de rabatteurs sans laquelle il nous était impossible de nous hasarder dans les jungles. Secondara est en effet renommé dans toute la province d'Agra pour ses castes de chasseurs.

Ce qui reste de cette ville, c'est-à-dire un amas de ruines à peine habité par quelques centaines d'indigènes, est à environ six milles d'Agra. La route n'est qu'une longue promenade au milieu des tronçons de colonnes enfouis dans l'herbe et des chapiteaux de marbre. Les importants vestiges que l'on foule donnent raison à ceux qui prétendent qne Secondara

TOMBEAU D'AKBAR A SECUNDARA. (Page 319.) D'après une photographie de l'auteur.

n'était autrefois qu'un faubourg de la ville impériale.

Nous y plantâmes notre tente sur les huit heures du matin, après trois petites heures de marche.

Rien de pittoresque comme ce campement; nos bœufs dételés broutaient l'herbe fraîche sur une espèce d'esplanade, qui faisait face au monument d'Akbar, pendant que nous nous étions installés sous le portique au marbre rouge d'un palais en ruine; tout autour étaient adossées une foule de cases indoues, et tout cela était noyé dans la verdure et éclairé par ce soleil des tropiques qui prête aux grands souvenirs du passé de si majestueux aspects.

Amoudou se mit immédiatement en quête de rabatteurs et Tchi-Naga, selon son habitude s'en fut parcourir le village, pour se rendre compte des richesses culinaires qu'il pourrait y rencontrer. Il était rare que le brave garçon ne fît pas en cette matière de précieuses découvertes; les vivres frais abondent dans l'Inde, et volailles, gibiers et poissons ne vous laissent que l'embarras du choix.

Nous occupâmes les deux heures que nous avions à dépenser avant le déjeuner, à visiter le mausolée d'Akbar. Le plan de cet édifice est des plus bizarres et diffère considérablement du caractère ordinaire de l'architecture mogole; sa forme est celle d'un carré parfait, le rez-de-chaussée ne contient rien de remarquable, excepté la colonnade extérieure, les quatre galeries qui communiquent au quatre portails, et le caveau dans lequel les restes du prince reposent sous un sarcophage de marbre.

Sur la tombe est une lampe allumée; elle est alimentée par les soins de quelques pauvres prêtres musulmans dont l'office est de joncher de fleurs nouvelles la suprême demeure des morts. Cette pieuse et touchante coutume règne dans tout l'Indoustan.

Au-dessus de cette salle on en rencontre une autres; chacune, formant un étage distinct, s'élève directement au-dessus du caveau inférieur, et contient un sarcophage en marbre, mais contrairement aux autres monuments de cette espèce, la chambre funéraire n'est pas environnée de spacieux appartements, elle est bornée par les galeries des terrasses qui forment verandah autour d'elle.

Des perrons conduisent de l'étage inférieur à la première plate-forme, cet étage se compose de la chambre dont je viens de parler, et des quatre larges et magnifiques terrasses qui l'entourent, sur les quatre faces la galerie d'arcades présente le même aspect et le même développement.

Le tout est environné d'une magnifique balustrade, et à chaque angle, s'élève une tourelle en forme de pavillon et surmontée d'un dôme à jour.

Un perron semblable à celui du premier étage, mène à la seconde terrasse quadrangulaire, partagée en quatre par la même chambre funéraire et identique à la terrasse de l'étage inférieur, excepté qu'elle est plus petite.

Chaque étage diminue ainsi d'étendue jusqu'à ce qu'on arrive au faîte de l'édifice dont l'ensemble a la forme d'une pyramide à la cime tronquée.

On trouve alors au sommet du monument une large plate-forme en marbre, entourée sur ses quatre faces d'une balustrade de marbre blanc, sculptée à jour dans tous ses compartiments en magnifiques arabesques, et ornée à tous ses angles de dômes en marbre garnis de tourelles.

Au centre est posé un cinquième sarcophage, ce dernier est ciselé de la manière la plus délicate et la plus magnifique ; le nom du monarque qui repose dessous, Djhiagire, le fils d'Akbar, y est écrit en pierreries, ou plutôt y était, car il faut rendre au passé la phrase de notre guide, un pauvre moullah, qui nous signale cette merveille, les pierres précieuses ayant disparu depuis longtemps.

Avec le respect que tous les Indous professent pour la demeure des morts, il est vraiment difficile de ne pas rendre les Anglais responsables du pillage de ces richesses. L'ancienne Compagnie des Indes, dans ses moments de détresse, n'a du reste jamais hésité à piller les trésors des rajahs, et à s'emparer de toutes les richesses amoncelées par les siècles, dans les temples et les divers monuments de l'Indoustan.

Aussi est-ce à bon droit que les populations de ces contrées appliquent à la race blanche cette épithète de barbares, que Rome et Athènes prodiguaient autrefois à leurs ennemis.

Cet admirable monument, quoique exposé à toutes les vicissitudes de l'atmosphère, et malgré les siècles écoulés, est encore aussi frais, aussi poli, aussi beau, que s'il venait seulement d'être achevé.

Les trois étages qui précèdent la terrasse supérieure et le rez-de-chaussée, sont construits en granit rouge, bizarrement incrusté en marbre blanc.

Les dômes sont couverts de tuiles de couleurs revêtues d'un émail d'une solidité à toute épreuve.

Ce monument, malgré l'originalité étrange de ses constructions, n'est en somme comme fini d'exécution et élégance des proportions, inférieur à aucun des grands monuments de l'Inde ancienne.

Rien n'est plus grandiose que les portiques et les larges colonnades de marbre qui ornent chaque côté du tombeau, ces vastes péristyles pourraient abriter une petite armée, et on raconte qu'un régiment de dragons anglais, qui y fut caserné pendant le siège d'Agra, n'occupait qu'un des quatre côtés seulement du rez-de-chaussée.

Plusieurs membres de la famille impériale y sont ensevelis. Je ne sais rien de beau comme le coup d'œil, dont nous jouîmes mon ami et moi, du haut de ce magnifique édifice.

De la première et de la seconde terrasse nos regards se reposaient sur de riches plantations de tamariniers, d'orangers, de citronniers couverts en même temps de fruits et de fleurs; à chaque pas des ruines gigantesques émergeaient de cet océan de verdure et donnaient à ce paysage égayé cependant par de nombreux troupeaux, et la population indigène, un aspect plein d'une majestueuse tristesse.

Du faîte même de l'édifice, nous apercevions la Jumna qui comme une large coulée d'argent en fusion serpentait au milieu de cette contrée, dont la fertilité, la richesse de la végétation, servaient de premier plan aux palais somptueux, aux murailles, aux bastions du fort d'Agra, à tous les monuments de la cité impériale que nous apercevions dans le lointain.

Et au-dessus de tout, le Mooteé-Musjid, ou mosquée des Perles, et le Taj-Mahal, élevaient leurs dômes resplendissants et aussi blancs que la neige, dans l'or et l'azur du ciel.

Le grand nom d'Akbar, de ce prince qui pendant cinquante et un ans de règne fit fleurir dans l'Inde la justice et tous les arts de la paix, domine tellement ce monument qui fut son œuvre, qu'en général le voyageur accorde peu d'attention aux tombeaux des autres princes de la famille impériale qui reposent sous le même mausolée.

Les travaux qu'il fit pour la sécurité et le bien-être de ses sujets, sont loin de proportion avec l'idée qu'on pourrait s'en faire en Europe; pour ne citer qu'un fait, il fit construire dans toute la largeur de l'Indoustan, du Gange à l'Indus, une grande route bordée de chaque côté d'arbres fruitiers, avec un puits de deux milles en deux milles, et à chaque étape des caravansérails, où les voyageurs recevaient l'eau, le riz et le feu aux frais du trésor public.

Il s'était surtout attaché à empêcher les dilapidations de ses gouverneurs de province, et en frappa plusieurs et des plus élevés de châtiments exemplaires.

Il voulait que la justice fût égale pour tous, et que le dernier de ses sujets pût parvenir jusqu'à lui, pour lui faire connaître ses sujets de plainte.

Chose extraordinaire, cet impôt unique, regardé par les nations modernes comme le rêve de quelques utopistes, avait été établi par lui. Il abolit toutes les taxes, toutes les capitations, tous les impôts particuliers, et prit pour unique base de l'impôt, la terre, qu'il frappa d'un droit proportionnel à son étendue et à sa fertilité.

Le souvenir que la tradition a conservé de ce prince éclairé, est celui du meilleur souverain qui ait régné dans l'Inde.

J'ai parlé plus haut de son fils Djihangire, qui repose au sommet du monument ; sous le même sarcophage, se trouve le tombeau de sa femme, à ce sujet, le moullah qui nous accompagnait, nous fit un récit des légendaires amours de l'empereur, qui mérite d'être conservé.

« Un jeune fille tartare, née dans le désert de parents pauvres, quoique nobles, avait été amenée dès son enfance à Delhi, où elle devint en grandissant la plus belle personne de l'Indoustan ; sa beauté, célèbre dans tout le pays, lui avait fait donner les surnoms de Mhir-el-Nissa, c'est-à-dire le soleil des femmes de Nour-Djihan, la lumière du monde.

« Djihangire, alors qu'il n'était encore que prince héritier, eut occasion de la voir, et il s'éprit de ses charmes. La jeune fille ne fut pas insensible aux attentions du prince, mais elle était fiancée dès son enfance à Sher-Afkan, général au service de l'empereur, et ce lien, dans les mœurs de l'Inde, est indissoluble, aussi Akbar avait-il impérieusement ordonné à son fils de laisser les choses suivre leur cours régulier.

« Mais après la mort de son père, Djihangire ne fut pas plus tôt monté sur le trône qu'il chercha les moyens de satisfaire sa criminelle passion.

« Sher-Afkan était trop brave et trop populaire, dans l'armée surtout, pour qu'on osât le faire mettre à mort ouvertement, l'empereur aveuglé par sa passion eut recours à tous les moyens pour se débarrasser de lui. Il l'invita d'abord à des chasses aux tigres et aux éléphants sauvages, où, d'après les ordres secrets qu'ils avaient reçus, tous les assistants l'abandonnèrent subitement au milieu du danger, mais Sher-Afkan se tira toujours de tous les périls auxquels on l'exposait, par des merveilles de sang-froid et de courage; il fallait aviser à d'autres moyens.

« Kattab, un des personnages de la cour qui vivait dans l'intimité de l'empereur, fut pourvu de l'emploi si envié de souba du Bengale, à la condition qu'il débarrasserait Djihangire de son rival.

« Quarante assassins envoyés contre lui furent battus, et il fallut envoyer contre lui une petite armée.

« Afkan fit des prodiges de valeur, et tua de sa propre main Kattab, son indigne ennemi, mais finit par succomber sous le nombre, et il périt percé de flèches.

« La belle et ambitieuse Mhir-el-Nissa, dont la possession avait coûté tant de crimes, se soumit volontiers à son destin, mais le cœur de son royal amant, dont les sentiments valaient beaucoup mieux que la conduite, fut déchiré de tels remords, que, pendant quatre ans, il refusa de la voir et l'abandonna négligée dans un coin de son palais.

« A la fin cependant, ayant su se placer habilement sur le chemin de l'empereur, ce dernier l'apercevant dans tout l'éclat de la jeunesse et de la beauté, elle avait à peine vingt ans, sentit se rallumer sa flamme mal éteinte, et la favorite rentrant en grâce, devint bientôt toute-puissante à la cour.

« Elle ne paraît avoit usé de son influence que pour le bien des Indous, et elle s'appliqua par ses aumônes, ses bonnes œuvres, et la protection dont elle entoura constamment les malheureux, à faire oublier la tache de sang qui souillait l'origine de sa puissance.

« Djihangire lui resta fidèle jusqu'à sa mort et il voulut qu'elle reposât près de lui dans le mausolée que son père avait fait élever à Secondara. »

Il était près de midi, quand nous quittâmes cet admirable monument dont chaque tombe, chaque minaret, chaque paroi de marbre nous redisait l'histoire d'un passé qui se perdait dans la nuit des âges héroïques de la domination mogole, et rendus tout rêveurs par la comparaison de ce qui fut et de ce qui est, de l'ère mogole représentée par les palais de marbre, et de l'ère anglaise représentée par des balles d'indigo et d'opium, et des steamers qui sillonnent le Gange... je me demandais laquelle des deux formes de civilisation était préférable pour l'Inde?

Ma réponse ne pouvait être douteuse.

Tchi-Naga s'était véritablement distingué, et notre déjeuner quoique pris en plein air, et sur une table de campagne dressée à l'ombre d'un gigantesque tamarinier, était digne du gourmet le plus difficile.

La cuisine indoue y était représentée par un succulent carry de levrauts admirablement accommodé, avec du riz cuit à point ; une blanquette de jeunes poulets et une demi-douzaine de bécassines, toutes rondelettes de graisse, rôties au bois, et servies sur des tranches d'ananas, représentaient le côté européen de notre repas. Une salade de chou palmiste et de petites tomates pas plus grosses que des cerises et rondes comme ce fruit, gratinées dans le beurre, terminèrent notre menu.

Quant à notre dessert, une table royale en Europe ne parviendrait pas à le réunir; tous les fruits les plus succulents de l'Occident, pêches, poires, raisins, fraises, s'unissaient à tous les fruits de l'Asie : mangues, bananes, ananas, goyaves, letchy, pommes cannelles, jamrosa, pour faire à notre goût l'invite la plus succulente et la plus recherchée.

Nous venions d'achever notre repas, et perdus dans cette douce somnolence que connaissent tous ceux qui ont habité l'Orient, nous regardions s'envoler capricieusement dans les airs la fumée de nos cigares de Coringuy, lorsqu'Amoudou revint de sa tournée, en compagnie d'un bel indigène qui répondait au nom de Cheik-el-Molouk, il était comme ce nom l'indique de caste musulmane; mon Nubien nous le présenta comme le plus fameux chasseur de tigres de la contrée.

— Tu entends ce qu'on dit de toi, fis-je sans autre préambule au nouveau venu.

— Salam, saëbs, me répondit Cheik-el-Molouk, en nous faisant les salutations d'usage. J'ai parfaitemement entendu ce que dit le noir.

— Et comme c'est toi sans doute qui lui as donné une si haute idée de ta personne, tu ne prendras certainement pas la peine de le démentir.

— Cheik-el-Molouk est connu à cinquante lieues à la ronde comme le premier chasseur de la province d'Agra, fit-il simplement.

Je connaissais la faconde des indigènes, elle n'a d'égale que leur mauvaise foi; quand on tombe sur quelques-uns de ces vagabonds qui dans toutes les villes sont toujours prêts à se mettre au service des étrangers, ils se font en général payer d'avance, et au moment où vous avez besoin de leurs services, ils disparaissent sans que l'on puisse jamais savoir ce qu'ils sont devenus. Je ne comptais plus les désagréables surprises de ce genre que j'avais maintes fois éprouvées, aussi étais-je payé pour mettre une certaine défiance dans tous les engagements que je contractais avec les Indous et surtout les musulmans.

J'ai trouvé beaucoup d'Indous très honnêtes, la chose est même commune dans les bonnes castes, mais je n'ai jamais rencontré un seul musulman à qui l'on pût se fier, à moins que l'honnêteté ne fût d'accord avec ses intérêts.

— Puisque ta réputation est telle, répondis-je au chasseur après l'avoir examiné quelques instants, tu dois être connu du schikdar (chef de poste de police indigène) de Secondara.

— Tu peux l'interroger, il te dira que Cheik-el-Molouk ne t'a pas menti.

Puis relevant son pagne avec un geste plein de noblesse, il nous montra sa cuisse droite sillonnée d'affreuses cicatrices, on eût dit que les blessures qu'elles indiquaient avaient été faites avec des crocs de fer.

— Penses-tu, me dit-il, avec un mouvement d'orgueil, qu'il ne chercha pas à déguiser, qu'il faut avoir vu le tigre de près pour porter de pareilles marques?

L'argument me parut sans réplique, l'ensemble de la tenue de l'indigène témoignait du reste hautement en sa faveur, et je commençai à croire que mon Nubien avait eu la main heureuse.

— Eh bien, Cheik-el-Molouk, lui dis-je, nous nous fions volontiers à toi, mais sans compter la journée actuelle, nous n'avons que quarante huit heures à rester dans ces parages, quelle partie de chasse peux-tu nous organiser pour un laps de temps aussi court ?

— C'est selon vos désirs, saëbs.

— Nos désirs doivent se soumettre entière-ment à ce que tu peux faire toi même, je te répète que nous ne pouvons rester plus de deux jours dans la jungle.

— Deux jours, c'est bien peu.

— Tu vois bien que nous sommes forcés de nous en rapporter à toi, nous ne connaissons ni les animaux de la contrée, ni la distance qu'il faut parcourir pour les rejoindre.

— C'est bien, je conduirai les saëbs à la chasse qui leur plaira le mieux : le sanglier, le cerf, les tigres, les buffles noirs abondent dans ces parages.

— Notre intention est de chasser la grosse bête, fais-nous tuer dans les deux jours qui vont suivre un tigre ou un buffle, et nous serons satisfaits de toi, nous te tiendrons en outre pour le premier rabatteur du pays.

L'indigène sourit :

— Si les saëbs, fit-il, ont une main qui ne tremble pas, et une carabine qui porte bien, qu'ils viennent sans crainte, ce ne sont ni les tigres, ni les buffles qui manqueront.

— As-tu une escouade de rabatteurs dévoués pour t'accompagner?

— Il y a dans ce village autant de rabatteurs que tu peux en désirer, mais dix hommes me suffiront.

— C'est bien ; quel est ton prix, pour ces deux jours ?

— Quatre roupies (dix francs) pour moi, et une demi-roupie (deux francs cinquante) pour chacun de nos suivants.

— Combien exiges-tu d'avance ?

— Les saëbs me payeront quand ils quitteront Secondara, répondit l'indigène avec orgueil, je n'ai besoin de rien, moi,... mais il faudra donner aux hommes la moitié de leur salaire en les engageant, afin qu'ils puissent acheter du riz pour leur famille pendant leur absence.

Je lui remis immédiatement la somme qu'il me demandait.

— Et alors, est-ce contre le tigre ou le buffle que nous allons guerroyer ?

— Je vais expédier deux hommes de suite, et nous le saurons demain matin, quand nous serons sur les territoires.

— Quand partons-nous ?

— Dès que les saëbs seront prêts, nous serons obligés de marcher toute la nuit.

— Où nous conduis-tu ?

— Dans les grandes jungles qui sont en amont du Kittab.

— Tu sais que nous ne connaissons par le pays.

— Le Kittab est un petit cours d'eau qui va se jeter à cinquante milles du lieu où nous le rencontrerons, dans le Thoumbout, un des plus grands affluents de la Jumna; le ruisseau qui descend des dernières ramifications des montagnes du Meiwar, serpente dans une vallée sauvage, où de nombreux tigres ont établi leurs repaires, et un peu au sortir de la vallée, la jungle est entrecoupée de verts pâturages, constamment fréquentés par les plus beaux buffles du pays. Vous aurez bien du malheur si vous ne trouvez pas dans cet endroit à essayer vos carabines, seulement il faudra être prudent, car le territoire des tigres est tellement resserré et garni de broussailles, que l'animal est sur vous avant que vous ayez eu le temps de l'apercevoir.

— Est-ce dans ce lieu que tu as gagné l'affreuse blessure que tu viens de nous montrer ?

— Dans ce lieu même le tigre m'a terrassé, et sans le courage d'un major anglais qui est venu, avec son revolver, brûler la cervelle à la bête au moment où elle s'acharnait sur moi, Cheik-el-Molouk n'aurait pas l'honneur de vous conduire aujourd'hui. Mais c'était de ma faute aussi, le major avait amené ses rabatteurs à lui; je n'aurais jamais dû consentir à cela, je n'étais pas leur chef; ils m'ont abandonné au moment où le tigre a chargé de notre côté; au lieu de me sauver, je me suis élancé dans la direction du major en lui criant le *garde à vous*, c'est alors que l'animal m'a pris; depuis, vous comprenez, saëb, je ne chasse plus qu'avec mes hommes.

— Tu peux être sans crainte, lui répondis-je, nous ne te laisserons point dévorer.

— Le noir m'a dit que vous étiez de bons chasseurs, sans cela je ne consentirais pas à aller avec vous. A chaque instant, il nous arrive d'Agra et de Luknow de jeunes officiers anglais qui me demandent de leur faire tuer un tigre; je ne leur refuse jamais, mais j'ai bien soin de ne leur faire rencontrer que des lapins.

— Tu ne manques pas d'esprit, Cheik-el-Molouk.

— Que voulez-vous, saëb, je ne peux pas cependant jouer ma vie comme cela tous les jours; et puis que désirent ces jeunes gens, tout fraîchement arrivés d'Angleterre? — Des émotions; eh bien! je leur en donne tant que je puis.

— Avec des lapins.

— Certainement, saëb; il n'y a que la manière de s'en servir; ainsi, à chaque pas qu'ils

font dans la jungle, je leur dis d'un air solennel :
— Prenez garde au tigre.

— Tu es simplement un affreux coquin.

— Il faut voir alors les airs qu'ils prennent : ils marchent côte à côte, le jarret tendu, l'œil fixe... Tout d'un coup, pour juger mes hommes, je profite du départ d'un cerf que les hautes herbes nous cachent mais qu'on entend détaler, pour leur crier : *garde à vous*, le voilà... S'ils perdent la tête et se mettent à tirailler à droite et à gauche, ce qui arrive le plus souvent ; c'est fini, je possède leur mesure, ils pourront venir pendant vingt ans vers moi, je ne sors pas du lapin ; si au contraire je vois mes jeunes officiers conserver leur sang-froid, interroger la jungle avec calme et garder leur premier coup de carabine pour ne le tirer qu'à bon escient, oh ! alors, bien qu'ils ne se soient pas encore trouvés en présence des fauves, je me passe la fantaisie de les conduire droit au tigre, car je sais qu'ils ne reculeront pas.

— Et qui nous dit que tu ne vas pas nous traiter ainsi ?

— Oh ! saëbs !

— Je t'avertis que nous n'avons pas le temps de nous soumettre à tes expériences.

— Demain matin, Cheik-el-Molouk vous mettra en présence du tigre ; je suis un trop vieux coureur des jungles pour ne pas voir de suite à qui j'ai affaire.

Il nous quitta sur ces mots pour aller rassembler ses hommes.

Amoudou, dont le cerveau épais était peu accessible aux délicatesses de la plaisanterie, le suivit quelques pas pour lui promettre une abondante distribution de coups de rotin s'il ne tenait pas ses promesses.

Cheik-el-Molouk lui dit en le toisant avec orgueil et en faisant allusion à la toison crépue du noir :

— Si la tête du mouton parle de rotin, c'est que les reins lui démangent.

Et il lui tourna le dos sans plus s'occuper de lui.

Heureusement pour lui, mon Nubien ne comprit rien à sa réponse, sans cela j'eusse été obligé d'intervenir ; le mépris qu'Amoudou professait pour les Indous faisait qu'à leur égard il avait toujours la main plus leste que la pensée.

Une heure après, Cheik el-Molouk venait nous avertir qu'il avait envoyé quelques-uns de ses hommes en avant pour étudier le terrain où il nous conduisait et relever des pistes de buffles. Malgré la chaleur, car il était à peine midi, nous nous mîmes en route, le peu de temps que nous avions à dépenser nous forçait à en perdre le moins possible.

Pendant toute la soirée, nous traversâmes sur de magnifiques chaussées, œuvre des anciens brahmes, de vastes champs de riz, de maïs et de sorgho; de distance en distance, avec la régularité d'un échiquier, ces plantations étaient séparées par de petits canaux d'arrosage ayant leur prise dans un étang; ce lieu était d'ordinaire entouré de bosquets, de tamariniers, d'orangers et de banians, à l'ombre desquels s'adossaient les chaumières des *raïots* ou paysans employés à la culture, nos serfs du moyen âge, attachés à la glèbe.

Tout cela était frais, vert, coquet, ensoleillé, les vastes plaines si bien cultivées de la Hollande, avec la lumière et la végétation des tropiques.

A chaque pas que nous faisions, de chaque sillon, de chaque touffe de riz ou de millet se levaient des nuées de bécassines qui, après avoir fait péniblement leur crochet classique, retombaient lourdement dans la rizière; nous en abattîmes une certaine quantité à l'intention de notre dîner et nous eûmes l'explication de ce phénomène; elles étaient si grasses, pâturant à même le long des petits canaux et dans la boue des plantations, qu'elles ne s'envolaient qu'avec les plus grandes difficultés.

Je laisse aux gourmets le soin d'apprécier à quel point ce qu'elles perdaient en vitesse était regagné en délicatesse et en saveur.

Au vol, elles faisaient piètre figure... mais à la broche ! de petites molettes de beurre qui crépitaient et se doraient sous la flamme. Quels souvenirs !

Ces champs avec leurs petits villages indous et leurs charmants bosquets nous parurent d'abord s'étendre jusqu'à la ligne de l'horizon; puis, peu à peu, nous distinguâmes comme un faible trait bleuâtre et légèrement ondulé qui semblait servir de bordure au point où la terre et le ciel paraissaient se confondre, et sur le soir, nous commençâmes à distinguer une suite de collines boisées, derrière lesquelles, d'après notre guide, coulait le Kittab, but de notre excursion. Nous devions le traverser pendant la nuit.

Sur les six heures, un peu avant le coucher du soleil, nous fîmes halte dans un des bosquets des rizières ; les bœufs furent dételés et conduits à l'abreuvoir, et mes gens se disposèrent à préparer leur repas.

Nos rabatteurs, comme leur chef Cheik-el-Molouk, étaient tous musulmans. Tchi-Naga et

Dasi-Pal, mon bouvier, étaient Indous, sectateurs de Brahma ; nous allions donc assister à un véritable tournoi culinaire. Les deux grands plats nationaux de l'Inde, le pilau des musulmans et le carry des Indous, allaient se trouver en présence.

Ces préparations, quand l'Européen s'est habitué le palais aux choses fortement épicées et pimentées, sont bien ce qu'il y a de plus succulent au monde ; l'une ou l'autre en voyage formait toujours la base de ma nourriture; aussi, d'accord avec mon compagnon qui partageait mes goûts, décidâmes-nous que ce jour-là, à part un rôti de bécassines servi sur un lit d'oranges, nous nous en remettrions pour notre menu à la cuisine de nos gens. Je leur recommandai de faire merveille, et de part et d'autre, mus par une noble émulation, on promit de se surpasser... et on se surpassa si bien, que nous ne sûmes auquel des deux mets décerner la palme, c'est dire qu'ils la méritèrent tous les deux.

J'ai déjà donné la recette du carry (*Voyage au pays des bayadères*, page 219), et quelques lecteurs m'en ont remercié avec une telle reconnaissance gastronomique que je crois devoir, pour leur être agréable, leur offrir ici la recette du pilau des musulmans de l'Inde; qu'ils le préparent avec soin et ils n'auront point perdu leur temps. Le pilau se confectionne avec toute viande, mais principalement avec le mouton, le gibier, la volaille.

Prenons par exemple le dindon, c'est un pilau au jus de cet animal qui nous fut servi ce soir-là.

Il y a deux manières de préparer ce pilau; voici la recette riche, comme on dirait dans nos restaurants :

Prenez deux dindons, l'un vieux, l'autre dans cet âge tendre où il ne mérite encore que le nom de dindonneau; réservez ce dernier pour la broche et désossez le vieux que vous coupez en aussi petits morceaux que possible, comme des dés à jouer par exemple. Placez cette chair de dinde dans une casserole en cuivre ou en terre avec une livre environ de bon beurre fin, et faites *revenir* lentement à feu doux et égal; lorsque toutes les parcelles de dinde auront pris peu à peu une belle teinte rousse, ajoutez-y une poignée d'échalotes hachées menues, laissez blondir les échalotes et incorporez alors *vingt-cinq grammes de poudre des quatre épices*, mélangées par parties égales et pétries avec du beurre frais; mouillez d'un demi-verre d'eau et laissez mijoter dans un coin du feu, à petits bouillons.

Concurremment avec cette opération, vous

avez fait bouillir pendant une heure les os du dinde dans quatre litres d'eau... vous ajoutez alors ce bouillon à la première préparation avec une forte pincée de ce poivre rouge, connu sous le nom de poivre de Cayenne, et vous entretenez une légère ébullition pendant deux heures; inutile de dire qu'il faut saler comme tout autre plat.

Après ce laps de temps, pendant lequel vous avez entretenu la même quantité de bouillon, vous passerez au tamis la chair de dindon que vous réservez au chaud en l'arrosant d'un peu de jus de citron, et dans vos quatre litres de jus vous faites cuire à la manière orientale deux livres de riz qui doivent être retirées du feu dès que le riz a absorbé tout le liquide; l'ébullition doit être dirigée de telle sorte qu'elle doit s'accomplir en un quart d'heure.

Le riz est alors cuit à point; ce qu'il faut surtout, c'est qu'il s'imprègne du consommé en restant en grains détachés... fuyez, dans la confection de ce plat, le moment où le riz va tomber en bouillie.

Vous dressez alors votre riz sur le milieu d'un vaste plat; la chair de dindon, coupée menue, doit être distribuée en couronne autour du riz, et sur le sommet de la pyramide de riz vous couchez moelleusement le dindonneau débroché à temps, et sur le tout vous versez pieusement tout le jus de la lèchefrite.

Allez, mes enfants, mangez lentement et en paix, arrosez le tout avec de petites gorgées d'eau glacée pour faciliter, comme dans l'Inde, la digestion du riz, puis terminez par une bouteille de pomard ou de romanée-conti, et ayant uni ainsi la cuisine asiatique à la liqueur que distillent les coteaux bourguignons, vous conserverez un impérissable souvenir de votre ami inconnu, le voyageur, c'est toute la récompense que j'exige de vous...

La nuit était venue quand nous commençâmes à gravir les pentes des collines de Kittab, et c'est bien à tort que nous les avions de loin baptisées de ce nom, nous nous trouvions en face des dernières ramifications de la chaîne du Meiwar, et les pentes agrestes qui s'élevaient insensiblement devant nous, mais que nous ne franchissions que par le travers en suivant une ligne parallèle aux sommets, méritaient certainement le nom de montagnes.

Nous devisions tranquillement des émotions que nous promettait la chasse du lendemain, jouissant de la fraîcheur parfumée d'une de ces belles soirées qui, sous les tropiques, reposent de toutes les fatigues du jour, et écoutant vaguement ces mille bruits qui égayent les nuits de l'Inde d'un perpétuel concert. Des myriades d'oiseaux, que la chaleur du jour fait taire, se réveillent de leur somnolence dès que le soleil se couche, et se mettent à gazouiller à l'unisson pendant que dans les plaines les grands buffles beuglent, en cherchant le ruisseau qui doit étancher leur soif, et qu'à deux pas de nous le chacal glapit dans la broussaille, mêlant son cri sinistre aux hurlements des grands fauves qui montent des vallées répétés par l'écho, comme le roulement lointain du tonnerre pendant les nuits d'orage. Nonchalamment étendus dans notre voiture à bœufs, nous nous doutions peu, mon camarade et moi, de la singulière aventure qui allait brusquement terminer notre excursion à son début.

Les étoiles commençaient à blanchir aux cieux, la fraîcheur de plus en plus pénétrante qui nous envahissait nous faisait comprendre que la nuit devait être sur son déclin. Tout s'était bien passé jusque-là, nos gens marchaient en colonne serrée plus par crainte des mauvais esprits qui, d'après la croyance indoue, peuplent les solitudes, que par celle des fauves que le bruit de notre charrette suffisait à tenir à distance respectueuse, quand tout à coup notre véhicule s'arrêta brusquement, et nous entendîmes la troupe des rabatteurs redescendre à pas précipités le sentier que nous suivions; pas un cri, pas une parole n'accompagnait cette fuite. Est-ce la terreur qui paralysait leur voix?... Amoudou, qui les avait hélés au passage, n'avait reçu aucune réponse.

Nous nous élançâmes avec la vitesse de l'éclair hors de notre charrette, en prononçant les paroles habituelles : — Qu'est-ce? que se passe-t-il?

— Kali ! Kali ! nous répondit un des derniers, dont la frayeur paralysait à ce point les jambes qu'il n'avait pu suivre ses camarades.

Amoudou jurait et traitait les fuyards de lâches dans toutes les langues.

Croyant à la présence d'un tigre, cause de cette panique, nous avions sauté sur nos armes et instinctivement nous nous étions portés en avant, quand au bout de dix pas mon Nubien trébucha.

— J'en tiens un, dit-il en se relevant.

Cette phrase était une énigme de plus; mais avant que j'aie eu le temps de demander à mon fidèle serviteur de s'expliquer, nous entendîmes une voix qui s'écriait :

— Ne me faites pas de mal, saëb, je vous jure que j'ignorais leur présence dans ces montagnes.

— La présence de qui ? fis-je impatienté, parle vite et clairement, ou sinon...

— La présence des Thugs, saëb, exclama Cheik-el-Molouk, car c'était lui, d'une voix un peu plus naturelle.

Malgré la situation, qui n'avait pas laissé d'être à un moment donné très émouvante, nous ne pûmes, mon compagnon et moi, retenir un éclat de rire. Habitant l'Inde depuis longtemps, nous ne partagions point, M. de M*** et moi, la terreur superstitieuse qu'inspirent aux Indous ces fameux étrangleurs sectateurs de la déesse Kali, ou déesse du sang, dont le roman et le théâtre ont du reste tant abusé en Europe.

Ces étrangleurs sont purement et simplement un ramassis de vagabonds qui, sous couleur religieuse, étranglent leurs compatriotes pour les voler ; mais on ne connaît pas un exemple dans l'Inde, un seul exemple d'un Européen attaqué par ces gens-là ; trois cents Thugs réunis n'oseraient pas affronter le revolver et la carabine d'un blanc ; ils savent parfaitement qu'il y en aura une douzaine de tués, et aucun d'eux ne tient à faire partie de cette douzaine-là.

Du reste, le prestige du blanc est tel, qu'il suffit de la présence d'un de nous dans un district indou pour en faire déloger toute la canaille.

« Une troupe de Thugs était campée sous un bosquet de tamariniers. » (Page 347.) D'après un croquis de l'auteur.

Sur notre demande, Cheik-el-Molouk, un peu remis de ses craintes, grâce à notre présence, nous conduisit dans le lieu où ses hommes et lui avaient aperçu les malandrins; à environ cinq cents mètres du lieu où nous nous étions arrêtés, Cheik-el-Molouk recommença de nouveau à trembler; nous le rassurâmes de notre mieux, enfin le pauvre diable, écartant sur la gauche du chemin une touffe épaisse de broussailles, nous dit d'une voix étranglée :

— Regardez.

Jamais je n'oublierai l'étrange spectacle qui s'offrit à nos yeux. En contre-bas du sentier que nous suivions, à une distance d'environ trois cents mètres, dans une petite vallée, une troupe d'Indous Thugs ou autres était campée sous un berceau de multipliants et de tamariniers; ils rendaient les derniers honneurs à l'un d'entre eux, dont le cadavre, selon la loi brahmanique, était en ce moment livré aux flammes...

La posture des assistants, le pittoresque de leur costume, le jeu des flammes dans les arbres, la scène elle-même, empreinte d'une poésie religieuse et sauvage, tout concourait à composer pour nous un des spectacles les plus étranges de ma vie de voyageur...

Nous restâmes longtemps à le contempler; je voulais le bien graver dans ma mémoire pour le retrouver au bout de mon crayon dès que l'aube allait me permettre de le fixer sur mon album.

Au petit jour, la troupe de vagabonds nous ayant aperçus au sommet du coteau, se hâta de déguerpir, abandonnant aux oiseaux immondes et aux chacals la dépouille de leur camarade, à demi calcinée...

Il faisait grand jour, le site était croqué suffisamment pour en retrouver le souvenir... mais pas un des rabatteurs n'avait reparu.

Chose rare pour un Indou qui n'est pas depuis longtemps à votre service, Dasi-Pal, ou le petit page qui danse devant le souverain, ne nous avait pas quittés.

— Où sont tes hommes ? dis-je au pauvre Cheik-el-Molouk, d'un ton de sévérité comique.

— Ils n'ont pas dû cesser de courir jusqu'à Secondara, me répondit le pauvre diable d'un air piteux.

Il n'y avait pas à y revenir, c'était une partie manquée.

Ce fait, si léger en apparence, donne le secret de la domination de deux cent cinquante millions d'Indous par une poignée d'Anglais.

Cheik-el-Molouk avait été affreusement mutilé par un tigre, et il était prêt à recommencer; mais il tremblait à la vue d'une vingtaine de vagabonds grandis par la superstition populaire, et ces fameux Thugs eux-mêmes s'enfuyaient comme une bande d'oiseaux de proie devant la carabine d'un Européen.

Il ne nous restait plus qu'une chose à faire, reprendre la route d'Agra, où nous arrivions le soir même.

Le lendemain, après avoir vendu ma charrette et mes bœufs, et payé les gages de Tchocradasi-Pal, nous reprenions par la voie ferrée la route de Chandernagor, où nous débarquions trois jours après.

FIN.

TABLE DES MATIÈRES

PREMIÈRE PARTIE

BENARÈS. — DELHI. — LAHORE. — ELLORA. — KARLI

DEUXIÈME PARTIE

BENARÈS. — LES FEMMES DU BENGALE

TROISIÈME PARTIE

CAWNPOOR. — AGRA. — DELHI. — LAHORE

FIN DE LA TABLE

Imprimerie D. Bardin, à Saint-Germain.

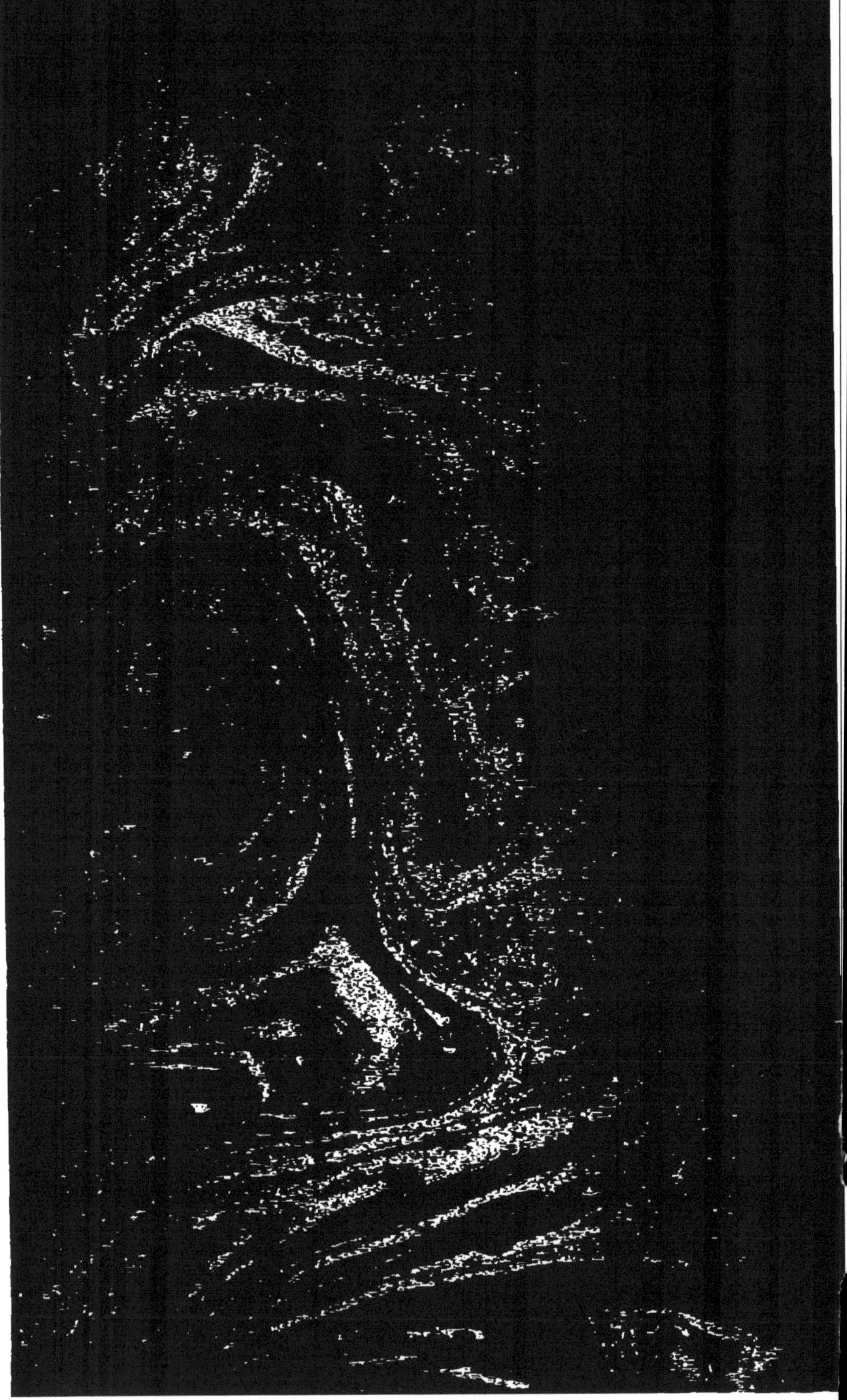

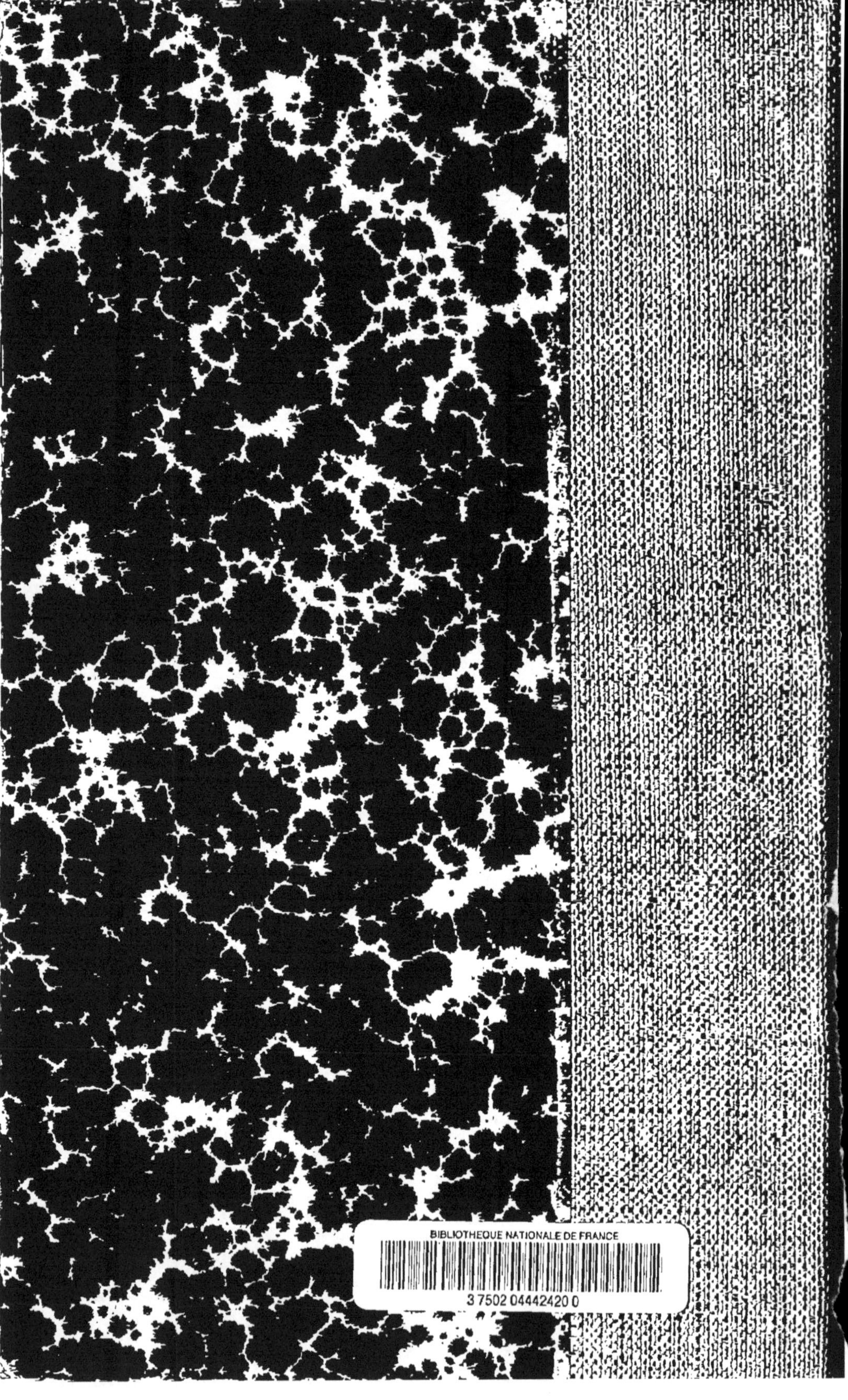
BIBLIOTHEQUE NATIONALE DE FRANCE
3 7502 04442420 0

www.ingramcontent.com/pod-product-compliance
Ingram Content Group UK Ltd.
Pitfield, Milton Keynes, MK11 3LW, UK
UKHW020301230726
13925UKWH00001B/158

9 782013 426367